Artgerechte
Männerhaltung

Isabella Woldrich

Artgerechte Männerhaltung

ueberreuter

Das säurefreie und alterungsbeständige Papier EOS liefert Salzer, St. Pölten (hergestellt aus chlorfrei gebleichtem Zellstoff aus nachhaltiger Forstwirtschaft).

ISBN 978-3-8000-7556-0
Alle Rechte vorbehalten. Das Werk darf – auch teilweise – nur mit Genehmigung des Verlages wiedergegeben werden.
Covergestaltung: Corinna Gerl, www.und-co.at
Copyright © 2009, 2013 by Verlag Carl Ueberreuter, Wien
Druck und Bindung: Druckerei Theiss, St. Stefan im Lavanttal
7 6 5 4 3 2 1   17 16 15 14 13

Ueberreuter im Internet: www.ueberreuter.at

Inhalt

7 | Vorwort von Barbara Karlich

9 | Vorwort zur Neuauflage

11 | Einleitung

15 | Von Dobermännern und Schoßhündchen

19 | Die Grundbedürfnisse von Männchen

32 | Männer und Sex – ein vielschichtiges Thema

40 | Formen von nicht-artgerechter Männerhaltung oder wie Weibchen ihren Männchen den letzten Nerv ziehen können

69 | Wie Männchen auf nicht-artgerechte Haltung reagieren

76 | Eine sozial weniger anerkannte Fluchtform: der Seitensprung

90 | Wie Sie unerwünschtes Verhalten Ihres Männchens verändern können

113 | Wie gehe ich mit Eigenschaften meines Männchens um, die ich nicht ändern kann?

124 | Wenn nichts mehr hilft – Ab wann es Zeit wird, Ihr Männchen in die Wüste zu schicken

137 | Singleweibchen auf der Suche nach einem Männchen

145 | »Du bist zu gut für mich« – Die Notlügen der Männchen beim Schluss-Machen

154 | Weibliche Reaktionen auf das Verlassenwerden

158 | Ein paar abschließende Gedanken

Vorwort von Barbara Karlich

In dem Buch »Artgerechte Männerhaltung«, das Sie nun in Händen halten, werden unsere Stammeshalter mit allen möglichen Tieren verglichen, und ich muss ohne Sarkasmus sagen: zu Recht! Dass Männer am häufigsten mit Hunden verglichen werden, kommt nicht von ungefähr, zu viele Gemeinsamkeiten sind offensichtlich.

Abgesehen davon, dass sie mit dem Schwanz wedeln, wenn man sie streichelt, markieren sie als Stehpinkler ihr Revier. Kommt ein anderes Männchen in ihr Territorium, kommt es zwangsläufig zu Reibereien und für eine läufige Dame würden sie alles tun, sogar zu Fuß kilometerweite Strecken zurücklegen, das heißt Sport betreiben.

Viele Frauen erkennen jetzt sicher ganz klar ihren Partner in diesen Beschreibungen und deshalb kann ich Ihnen jetzt auch gleich ein paar Tipps für die Erziehung ihrer Zwei- bzw. Vierbeiner mitgeben:

Beim Haxerlheben im Bad, also sprich bei der Toilettenbenutzung im Stehen, inklusive Fliesenmarkierung, sollten Sie Ihren Liebsten einfach mit der Schnauze bzw. Nase in das Lackerl eintauchen. Ich garantiere sofortige Stubenreinheit.

Bei zu vielen Ausflügen zu benachbarten Weiberln empfehle ich ganz dringend eine zügige Kastration oder zumindest ein drohendes Gespräch darüber.

Ihr Mann muss sich vor Ihnen fürchten, das heißt eventuell muss er einige Male gezüchtigt werden, damit er weiß, wer dass Herrchen – oder in diesem Falle das Frauchen – ist.

Zwingt Ihr Mann Sie zu Punkt drei, benutzen Sie bitte eine Zeitung, einen Kochlöffel oder die Fernbedienung, damit Ihr Liebster keine Angst vor Ihrer Hand bekommt.

Wenn Ihr Herzstück zu Hause gut versorgt wird, also sprich mit gutem Essen und Streicheleinheiten, wird Ihr Mann das Gassigehen mit Artgenossen minimieren.

Liebe Leserinnen und Leser, natürlich sind meine Tipps mit einem gewissen Augenzwinkern zu betrachten und so selten wie möglich in die Praxis umzusetzen.

Genießen Sie einfach die charmante Version meiner Haus- und Hoftherapeutin Isabella Woldrich. Ich kann ihren Rat und ihre objektiven Ansichten aus persönlicher Erfahrung mit bestem Gewissen weiterempfehlen!

Herzlichst, Ihre Hundeflüsterin
Barbara Karlich

Vorwort zur Neuauflage

Meine lieben Freunde,

Ich freue mich sehr, dass ich dieses Vorwort zur Neuauflage schreiben darf.

Die vielen positive Reaktionen auf mein Buch zeigen, dass ich einen Nerv bei den Leserinnen getroffen habe. Offenbar sind die Themen »Mann/Frau« und »Beziehung« aktueller denn je!

Aus meinen Lesungen hat sich dann sehr schnell mein erstes Kabarett entwickelt. Mit der Unterstützung meiner beiden Manager und Freunde Hans Fuchs und Hannes Fischelschweiger bin ich nun seit 2010 mit der »Artgerechten Männerhaltung« auf Österreichs Bühnen zu sehen und der Schritt nach Deutschland steht kurz bevor.

Dies war auch der Anlass, mein Erstlingswerk zu überarbeiten und ich bedanke mich herzlich bei meinem Verlag für das Vertrauen, das er durch diesen Relaunch in mich setzt.

Ohne Publikum und Leser wäre dies alles jedoch gar nicht möglich gewesen und daher möchte ich mich von Herzen bei Ihnen, meine lieben Leser, meine lieben Freunde, mein liebes Publikum bedanken – ihr seid so großartig und ich hoffe, dass wir uns noch lange gegenseitig erfreuen dürfen!

Der deutscher Schriftstellers Ulrich Schaffer meint: *Überlege, was dich aufblühen lässt. Dem gehe nach.*

Ich wünsche Ihnen, dass Sie schon gefunden haben, was Sie aufblühen lässt, oder sich auf dem Weg dorthin befinden, denn dort, wo Sie aufblühen, sind Sie glücklich!

Allerherzlichst!
Ihre Isabella Woldrich

Einleitung

Meine lieben Damen und Herren,
wie Sie als geübte Leserinnen und Leser sicherlich wissen, gibt es auffallend viele Bücher rund um das Thema Männer, Frauen, Beziehungen und Konsorten. Trotzdem wurde ich im Kontakt mit vielen Menschen, die mich wegen Einzel- oder Paarberatungen aufgesucht haben, auf ein Phänomen aufmerksam, das ich bis heute nicht so ganz nachvollziehen kann. Aus irgendeinem Grund wurden diese Bücher von den Betroffenen entweder noch nie gelesen und selbst wenn, wurden sie offensichtlich als pure Fiktion verstanden, denn in Beziehungen umgesetzt ist kaum etwas davon.

Entsprechend häufig kamen in den Sitzungen mit meinen Klientinnen und Klienten immer wieder die gleichen Themen, und obwohl wir immer nach individuellen Lösungen gesucht hatten, begann auch dieser Prozess, immer wieder auf das Gleiche hinauszulaufen.

Langsam, aber sicher entwickelte sich in mir der Wunsch, meinen Klienten und Klientinnen eine Art Informationsbroschüre in die Hand zu drücken, in der sie in einfacher Art und Weise über die häufigsten Beziehungs-Hoppalas, deren Hintergründe und umsetzbare Lösungsideen nachlesen könnten. Mit dem vorliegenden Buch ist dieser Wunsch nun erfüllt, und die Quintessenz aus zahllosen Beratungsgesprächen, die ich zum Thema Beziehung mit Einzelpersonen oder Paaren geführt habe, ist nun zu einem Ratgeber zusammengefasst.

Ich richte mich mit meinem Büchlein explizit an Frauen. Dies hat aber absolut nichts damit zu tun, dass Frauen diejenigen wären, die die »Probleme« in einer Beziehung verursachen – ganz im Gegenteil! Aber es existiert nun einmal die Tendenz, dass Männer sich eher an die Stimmung ihrer Frauen

11

anpassen als umgekehrt, d. h. Frauen sind in einer Beziehung, ob sie wollen oder nicht, häufig die »Stimmungsträger«. Dementsprechend viel Einfluss haben sie auf das Beziehungsklima. Und die Harmonie in einer Beziehung hängt in einem hohen Maße davon ab, wie die Frau mit den unerwünschten, aber leider unveränderbaren Eigenschaften ihres Mannes umgeht.

Da Männer unglaublich subtile Mittel haben, um sich aus einer nicht so tollen Beziehung unbemerkt zu entziehen, wie z. B. durch ein Übermaß an Arbeit, Sport, PC etc., leiden nach wie vor mehr Frauen am Verhalten ihrer Männer als umgekehrt. Meistens wartet »sie« dann einfach darauf, dass »er« sich ändert. Nun gibt es aber die inzwischen sehr populäre Weisheit: Der einzige Mensch, den man verändern kann, ist man selbst – und wenn es »nur« die eigene Einstellung ist. Aus diesem Grund soll dieses Büchlein einige Anregungen bieten, die es Frauen erleichtern sollen, scheinbar unüberwindliche Beziehungsprobleme einfach aus einem anderen Blickwinkel zu betrachten – und die Probleme damit schon wieder um einiges zu entschärfen.

Auch wenn oder gerade weil die Themen, die ich in diesem Buch behandle, manchmal sehr ernst, schmerzlich und verletzend sein können, habe ich mich für einen satirischen Schreibstil entschieden. Erstens entspricht diese Art von Herangehensweise meinem persönlichen Beratungsstil am ehesten und zweitens ist Humor eines der effektivsten und einfachsten psychologischen Distanzierungsmittel, mit dem man aus einem scheinbar unüberwindlichen Problem in kürzester Zeit die tragische Luft herauslassen kann.

Auch wenn es auf den ersten Blick etwas befremdlich anmutet, möchte ich in diesem Büchlein mit einem Vergleich arbeiten, der sich für mich ideal anbietet, um die scheinbar so komplexen Missverständnisse, die sich in Beziehungen mit

12

der Zeit anhäufen, in einfacher Weise zu erklären. Ich versuche, die unterschiedlichen Männertypen mit Hunderassen zu vergleichen, und Sie werden sehen, dass die eine oder andere Parallele nicht von der Hand zu weisen ist.

Vielleicht gehen Sie nicht in allen Punkten mit mir konform, und das soll ja auch gar nicht so sein. Dafür handeln die Einzelgeschichten in den jeweiligen Kapiteln auch von zu unterschiedlichen Typen. Aber wenn nur eine Idee, ein Gedanke, eine Lösungsvariante für Ihre Beziehung oder Ihre Einstellung zu Männern für Sie hilfreich ist, habe ich mit meinem Buch schon das erreicht, was ich mir wünsche.

Ich wünsche Ihnen viel Spaß beim Lesen und hoffe, Sie sehen schmunzelnd über den einen oder anderen Seitenhieb hinweg!

Von Dobermännern und Schoßhündchen

Wie in der Hundewelt gibt es für mich auch in der Männerwelt unterschiedlichste Rassen, und es bedarf wohl keiner Erklärung, warum ein Yorkshire Terrier anders behandelt werden sollte als ein Pitbull Terrier und auch die Erziehung eines Deutschen Schäferhundes sich deutlich von der eines Golden Retrievers unterscheiden wird. Es gibt nun einmal Unterschiede in der Natur eines Schoß-, Kampf-, Wach- oder Familienhundes.

Unter den Begriff »Männchen« fällt in diesem Buch NICHT die immer zahlreicher werdenden Rasse von Mann, die einen Ansatz von Zugang zu ihrer Gedanken- und Gefühlswelt besitzt, sich in die emotionalen Welten der Weiblichkeit Zugang verschaffen und einen gewissen Grad an Empathie und Einfühlungsvermögen für ihre Umwelt entwickeln kann. Diese Rasse ist evolutionär gesehen vollkommen neu und entspricht eher den pflegeleichteren Rassen wie etwa dem klassischen Familienhund, z. B. dem Golden Retriever, oder auch dem klassischen Schoßhündchen, das zur reinen Freude gehalten wird.

Die großflächige Entwicklung dieser Männerrasse wurde erst unter den Zuchtbedingungen der letzten Jahrzehnte möglich. Ich spreche von Emanzipation, geschlechtsneutralem Spielzeug, der Erlaubnis, weinen zu dürfen, und dem allgemein offeneren Zugang zu menschlichen Schwächen, der inzwischen auch jungen Männern immer mehr zugänglich wird.

Diese Rasse ist in diesem Handbuch nicht gemeint und möglicherweise wird dieser Ratgeber in 20 Jahren wie heute ein Ehehandbuch aus den 1960er-Jahren wirken, da die »Kampfmännchen« aus diesem Buch bereits ausgestorben sind – oder auch nicht. Schließlich hat die jüngste Geschlechtergeschichte bereits bewiesen, dass der reine »Softie« auch nicht das Wahre ist.

Die Rasse von Mann, die in diesem Buch als »Männchen« beschrieben wird, ist weit gefasst und beinhaltet eine breite Palette von männlichen Eigenschaften. Allen gemein ist jedoch eine noch sehr urtümliche Männlichkeit, die sich evolutionär entwickelt und in Jahrtausenden des Patriarchats gefestigt hat. In Hunderassen sprechen wir hierbei also eher von den noch immer wolfsähnlichen Exemplaren wie Dobermann, Schäferhund, Bulldogge und allen weiteren Kampf- und Wachhunden.

Das primäre Ziel dieser »Kampfmännchen« war es früher, den Hirschen zu jagen, die Jungfrau zu erobern und die Welt zu retten. Gefühlsduselei und weiblicher Kitsch sind in der Welt dieser Männchen maximal Mittel zum Zweck. Inzwischen ist unsere Nahrung beim Nahversorger zu beziehen, was das gemeinschaftliche Jagen massiv in den Hintergrund gedrängt hat. Dennoch sind Grundbedürfnisse wie Jagen, Erobern und Retten nach wie vor in den meisten Männchen fest verankert und werden in Ermangelung der altbewährten Möglichkeiten auf unterschiedlichste Arten weiter ausgelebt. Auf einige dieser Arten werde ich in diesem Buch weiter unten eingehen.

Frauen wollen Golden Retriever, aber sie verlieben sich in Dobermänner!

Emanzipation hin oder her, es ist bewiesen, dass Frauen nach wie vor Männer bevorzugen, die über einen höheren Status und über ein höheres Einkommen verfügen als sie selbst. Also sowohl die kaufmännische Angestellte als auch die Anwältin mit Summa-cum-laude-Universitätsabschluss ist nach wie vor auf der alten Suche nach dem Einen, dem Guten und dem

16

Wahren – auf der Suche nach ihrem Ritter! Und was machen Ritter bekanntlich: Sie erretten Jungfrauen bzw. Prinzessinnen aus ihrem Elend, töten Drachen, retten die Welt und sind ganz einfach Helden, an deren starke Schulter man sich lehnen kann.

Setzen wir nun mal die Gattung der Ritter mit der Rasse der wolfsähnlichen Kampf- und Wachhunde gleich, so lässt sich das Rätsel lösen, warum innerhalb der ersten Beziehungsjahre immer wieder die gleichen Probleme entstehen können.

Die Frau wählt den Dobermann und beschwert sich danach über seine scharfen Zähne, sein ausgeprägtes Bewegungsbedürfnis, sein lautes Bellen etc.

Und schon beginnt der Teufelskreis: Sie beginnt, ihren Dobermann zu einem Yorkshire Terrier umzuerziehen. Sollte es ihr glücken, ist sie selten mit dem Ergebnis zufrieden, denn eigentlich wollten sie ja einen Dobermann – sie wusste es nur nicht so richtig.

Was Sie bei der Wahl des Männchens berücksichtigen sollten!

Wenn Sie sich entscheiden, sich einen Hund zuzulegen, prüfen Sie sinnhafterweise zuallererst Ihre Verhältnisse, um eine Rasse zu wählen, die zu Ihren Lebensbedingungen optimal passt. Wenn Sie eine kleine Wohnung haben, werden Sie sich keine Bulldogge kaufen und in einer Gemeindewohnung mit dünnen Wänden keinen ewig kläffenden Foxterrier, der am Tag 20 Kilometer hin- und herspringt.

Was ich damit sagen will: Wenn Sie sich einen Hund kaufen, überlegen Sie vorher sehr gründlich, welcher Hund zu Ihnen passt. Wenn Sie danach Ihr Leben ändern, werden Sie nach wie vor wissen, welche Überlegung Sie zur Auswahl dieses bestimmten Tieres bewogen hat, und Sie werden Ihrem Schäferhund kaum Vorwürfe machen können, dass er sich nicht anpassen kann, wenn es Ihnen einfällt, nach einer Beförderung Ihr Haus mit Garten gegen eine Wohnung in der Innenstadt einzutauschen, und Sie am Tag 15 Stunden arbeiten müssen. Sie wissen, diese Rasse braucht Platz, Bewegung und Herausforderung, und Sie werden sich nicht wundern, wenn ihr Hund vor lauter Langeweile Ihre Wohnung mit seinen scharfen Zähnen auseinandernimmt, verhaltensgestört wird, vielleicht sogar zu beißen beginnt. Nein, Sie werden sich überlegen, ihm einen anderen guten Platz zu verschaffen, wo er wieder so leben kann, wie es seinen eigentlichen Bedürfnissen entspricht. Alles andere wäre eine Qual für Sie und für das arme Tier.

Wenn Frauen eine Beziehung eingehen, überlegen sie eher selten, welche Rasse von Mann sie sich zulegen, denn die verhängnisvolle Illusion von vielen Frauen ist: »Den richte ich mir schon noch!« Sie fragen sich auch nicht: »Kann ich auf Dauer mit ihm so wie er in der ersten Phase ist, also mit seinen Grundbedürfnissen, wie z. B. seiner Autovernarrtheit, seinem Zwang, sich einmal wöchentlich mit seinen Kumpels zu treffen, seinem ausgiebigen Drang, mit anderen Frauen zu flirten, etc., zurechtkommen?«

Nein, Sie werden natürlich erst einmal versuchen, dies mit den von Ihnen erprobten Waffen einer Frau zu verändern, und wenn Sie Glück haben, funktioniert es in der ersten Phase der Verliebtheit. Wenn Sie noch mehr Glück haben, wird er es sich im Zuge einer freiwilligen Persönlichkeitsveränderung seinerseits »abgewöhnen«, aber wenn Sie Pech haben, lässt sich dieses Grundbedürfnis nicht beseitigen bzw. es kommt nach der ersten Verliebtheitsphase zurück oder noch schlimmer, es verstärkt sich.

18

Die Grundbedürfnisse von Männchen

Helden brauchen schwache Weibchen

Nach wie vor ist das Gefühl der ritterlichen Helden in unseren Männchen ungebrochen erhalten. Dazu gehört das Gefühl, gebraucht zu werden, für alles eine Lösung oder Antwort parat zu haben und jemanden zu haben, den (bzw. vorzüglich die) er beschützen und umgarnen kann. Im Zuge der Emanzipation sind die Heldengebiete unserer werten Männchen leider ziemlich geschrumpft, denn wir Frauen machen inzwischen weder vor Baumärkten, Extremsportarten, Karriere noch Stammtischen halt. Es ist inzwischen sehr schwer, ein bewunderter Draufgänger zu sein, denn auf fast allen Gebieten lauert als ebenbürtige Konkurrentin eine Frau.

Das tut unseren tollkühnen Helden natürlich sehr weh, insbesondere, wenn man ihnen noch einen weiblichen Chef vorsetzt. Daher ist es umso verständlicher, wenn sie sich wenigstens im Schutze ihrer Beziehung wieder zu wagemutigen, alles im Griff habenden Superhelden verwandeln möchten. Die von enttäuschten Frauen so gerne verwendeten spöttischen Blicke und »Ja, aber«-Aussagen auf ihre selbstherrlichen Ausführungen wirken auf unsere geplagten Helden wie der Griff zur Kastrationszange und werden dementsprechend geahndet (siehe Kapitel »Wie Männchen auf nicht-artgerechte Haltung reagieren«).

Was brauchen Männer also, um sich in ihrer Beziehung als Ritter fühlen zu können?

Ein »schwaches« Weibchen!

Keine Angst, Sie müssen deswegen noch lange keine Selbstsicherheitskrise entwickeln, brauchen nicht zum Mauerblümchen zu mutieren und auch nicht ihre Karriere zu unterbrechen. Aber ich frage mich, auch wenn Sie alles noch so gut können und vollständig ohne Ihren Geliebten auskommen würden, warum wollen Sie die ganze Verantwortung alleine übernehmen?

Gönnen Sie ihrem Männchen doch einfach die Freude, etwas toll hinzubekommen und etwas zu organisieren, zu reparieren oder zu lösen, was Sie selber ja »nieeeeee geschafft hätten«! Geben Sie seinem Grundbedürfnis gebraucht zu werden nach und loben Sie ihn auch für seine tollen Taten! Ihr Männchen wird es Ihnen danken und sich förmlich schwanzwedelnd überschlagen, um Sie noch mehr zu beeindrucken!

Ein kleines »Ach Schatz, kannst du mir den Krug vom Regal herunterholen – ich bin viel zu klein dafür« oder »Kannst du das für mich tragen, das ist mir viel zu schwer« tut Ihnen nicht weh, und wenn Sie es ein paar Mal geübt haben, merken Sie vielleicht sogar wieder, wie angenehm es ist, sich hin und wieder etwas hilflos zu stellen.

Manche Männchen reagieren auf derartige Ansinnen natürlich auch mit Brummen und Zieren, aber tief in ihrer Seele haben sie trotzdem das gute Gefühl, dass sie wichtig sind und etwas können, was eine Frau eben nicht kann. Und diese Art von männlicher Selbstsicherheit ist eine wesentliche Grundlage, um zu Hause einen wohlwollenden Löwen genießen zu können, der alles im Griff hat, und nicht einen kleinen, wadelbeißenden Kläffer ertragen zu müssen, der an jedem und allem etwas auszusetzen hat.

20

Die Eroberung des Weibchens

Die Eroberung der Jungfrau ähnelt dem Grundprinzip des Jägers: Das Objekt der Begierde ist nur so lange interessant, solange er es noch nicht in Besitz genommen hat. Eines ist gemeinhin bekannt: Männer wollen jagen. Sie können mit einem Reh, das sich selbst erschießt und sich vor ihre Füße wirft, nichts anfangen, denn damit geht der eigentliche Sinn des Ganzen verloren: die Selbstbestätigung, die Beute erlegt zu haben. Je länger die Jagd dauert, je schwerer es ist, desto wertvoller wird die Beute. Die gute alte Minne ist der beste Beweis für dieses groteske, widersinnige Verhalten unserer männlichen Begleiter.

Sie erinnern sich an den guten Ritter Kunibert, der seinem angebeteten Burgfräulein Liebeslieder sang? Im vollen Bewusstsein, dass er seine Holde nie wirklich haben kann (meist war sie ja bereits in festen Händen des Großherrn und hatte einen Keuschheitsgürtel umgelegt), nahm er die wildesten Abenteuer auf sich, um ihr zu imponieren. Ein einziges Lob, ein verhohlener Blick, ein fallen gelassenes Taschentuch, eine winzige Geste, die ihm – und nur ihm – verriet: »Du bist mein wahrer Held«, veranlasste ihn, die bösen Drachen zu töten, in den Krieg zu ziehen oder sich wie ein Vollidiot im Regen unter ihr Fenster zu stellen und dämliche Lieder von sich zu geben.

Dem Jagdtrieb kommt natürlich auch die Fantasie zu Hilfe. Bei einer uneroberten Frau kann »mann« alle Hoffnungen hineinlegen und sich eine Traumfrau zimmern, die der Realität nie gerecht werden kann. Der Zusammenhang zwischen Eroberungsphase und Beziehungsqualität und -dauer ist belegt. Das »Traumbild«, das sich der Mann während der Eroberungsphase kreiert, verankert sich im Gedächtnis. Je länger diese Phase des Nicht-Bekommens dauert, desto stärker ist dieses Bild auch in der Partnerschaft verankert, d. h., die rosarote Brille wird nie abgelegt und der Reiz bleibt erhalten.

Also meine Damen – zieren Sie sich ruhig ein bisschen, bevor Sie sich erlegen lassen. Aber auch wenn Sie bereits erbeutet wurden, haben Sie noch genügend Mittel, um Ihrem Männchen immer wieder den Kick des »Du hast mich zwar, aber du hast mich nicht wirklich« zu geben – und schon kann die lustige Jagd aufs Neue beginnen!

Jagen und Wettbewerb sowie die Bedeutung von Freunden

Eine wesentliche Beschäftigung der Urzeit-Männchen war das Jagen essbarer Beute, um sich und ihre Familien zu ernähren. Dabei haben sie sehr schnell gelernt, dass sich ein Hirsch um vieles einfacher erlegen lässt, wenn sich die Männchen zu einer gemeinsamen Jagdgruppe zusammenschließen. Inzwischen ist diese Fähigkeit nicht mehr überlebensnotwendig, da ein Stück Fleisch mit wesentlich weniger Aufwand im nächsten Supermarkt erbeutet werden kann.

Das Bedürfnis des gemeinschaftlichen Eroberns ist jedoch nach wie vor tief in unseren Kampfmännchen verwurzelt und findet nunmehr sein Ventil in Mannschaftssportarten wie Fußball oder Kampftrinken bzw. der »passiven« Variante »Sportschauen«. Die Zusammenrottung von Männern zu diversen mehr oder weniger sinnhaften Betätigungen, wie tatsächlich aktiven Sport zu betreiben oder auch gemeinsam Sportveranstaltungen zu verfolgen, sich unter irgendeinem Vorwand wie Kartenspielen zu treffen und/oder sich gemeinsam dem Alkoholgenuss hinzugeben, sind nach dieser Theorie grundgelegte Urbedürfnisse des Männchens.

22

Eine wichtige Zusatzkomponente des Jagens ist der Wettbewerb, allen bestens bekannt durch eine Werbesendung, in der zwei alte Freunde einander nach Jahren begegnen und sofort die Bilder auf den Tisch legen: »Mein Haus, mein Auto, meine Frau.« Im Unterschied zur weiblichen »Stutenbissigkeit« ist der männliche Konkurrenzkampf in den meisten Fällen ein sportlicher. Niederlagen werden nicht persönlich genommen und spornen maximal zu größerer Leistungsbereitschaft an.

Sich mit anderen zu messen und sich mit Freunden zu treffen, ist demnach vergleichbar mit dem weiblichen Drang, stundenlang ein und dieselbe Problematik mit einer guten Freundin hin und her zu wälzen und von allen Seiten zu betrachten, ohne tatsächlich eine Lösung finden zu wollen.

Vielleicht wird Ihnen jetzt bereits klarer, warum Ihre Versuche, Ihrem Männchen diese »Unarten« abzugewöhnen, bisher großteils zum Scheitern verurteilt waren. Im Laufe dieses Buches werde ich versuchen, Ihnen ein paar Ideen zu geben, wie Sie die Auswüchse dieser Urbedürfnisse im Zaum halten oder zumindest am besten damit umgehen können.

Das kleine eigene Reich: sein Hobby

Egal, um welches Hobby es sich handelt, es ist unseren Männchen prinzipiell heilig. Das würde übrigens auch für Weibchen gelten, nur lassen sich Weibchen wegen einer Beziehung viel schneller und nachhaltiger von der Ausübung ihrer Hobbys abbringen. Wer will mit der Mädelsrunde noch freitäglich zum traditionellen Kaffeeklatsch, wenn man sich stattdessen als Hauptbeschäftigung in Gedanken, Worten und Werken einfach mit dem Partner beschäftigen kann, auch wenn dieser nicht einmal zu Hause ist. Aber er könnte ja früher heimkommen! Und für diesen Fall bleibt frau dann ewig wartend zu Hause.

Entsprechend groß ist ihre Enttäuschung, wenn das Männchen es ihr nicht gleichtut. Nein, ungerührt geht es weiterhin zweimal pro Woche auf den Fußballplatz. Darauf angesprochen, fragt er relativ verständnislos: »Ja, warum gehst du denn nicht mehr mit deinen Mädels zur Kaffeerunde?« Und damit hat er ziemlich recht. Männer haben im Gegensatz zu Frauen die tolle Gabe, auch noch andere Dinge als ihre Beziehung wichtig zu nehmen. Daran sollten sich Weibchen eher ein Beispiel nehmen, als darüber verärgert zu sein, dass sie »ihr Leben aufgegeben haben« und er »nichts« in die Beziehung investiere. Entschuldigen Sie meine Damen, wenn Sie nicht ausdrücklich gebeten wurden, wird er es auch nicht würdigen.

Natürlich gibt es auch noch jene Männchen, die für sich sämtliche Freiheiten beanspruchen und ganz selbstverständlich davon ausgehen, dass das Weibchen zu Hause sitzt und wartet. Ja, mehr noch. Entweder wird der Kontakt mit Freundinnen definitiv verboten oder es wird mit subtiler Feinsinnigkeit genau dann zum Candle-Light-Dinner geladen, wenn er genau weiß, dass sie am Abend mit Freundinnen ins Theater geht. Es genügen auch Stirnrunzeln, zweideutige Bemerkungen oder ein unschuldiges »Geh ruhig, es macht mir gar nichts aus, wenn du dich ohne mich amüsierst!«, um dem Weibchen die Lust auf den Abend gründlich zu verderben. Wie Sie mit derartigen Auswüchsen des Machotums umgehen können, ist ab Kapitel »Wie Sie unerwünschtes Verhalten Ihres Männchens verändern können« beschrieben.

Abgesehen davon, sich selbst aufzugeben und dies im Gegenzug auch vom Männchen zu erwarten, gibt es einen zweiten, nicht weniger gravierenden Kapitalfehler in Bezug auf männliches Freizeitverhalten: Wenn nämlich das Weibchen in

24

seinem Hobby ein größerer Experte wird als das Männchen selbst. Es ist sicher schön, wenn Sie sich für seine Gebiete interessieren, aber überlassen Sie es ihm, wie weit er Sie in sein Terrain eindringen lassen möchte. Es gibt viele Männchen, die sich sehr darüber freuen, wenn ihr Weibchen sie bei ihrem Hobby begleitet oder sogar mitmacht. Aber begehen Sie nicht den Fehler, ihm ungefragt nachzueifern.

Kurt liebt es, sich einmal in der Woche mit seinen Freunden zum Tennis zu treffen. Seine Freundin Carola holt ihn regelmäßig danach ab und lernt schön langsam alle seine Tennisfreunde kennen. Im Laufe der Zeit kommt Carola schon immer früher, um sich mit den Stammgästen im Tennisstüberl zu unterhalten, bis sie einmal aufgefordert wird (allerdings nicht von Kurt), es doch selbst einmal auszuprobieren. Es vergeht kein halbes Jahr und aus Carola wird eine begeisterte Tennisspielerin. Dabei fällt niemandem auf, dass Kurt immer häufiger mit einer Entschuldigung fernbleibt. Er bringt es nicht übers Herz, seiner Freundin klar zu machen, dass der Tennisclub sein Reich ist und er sich kontrolliert und nachgeahmt fühlt, wenn auf einmal Carola mit Feuereifer sein Hobby betreibt. Stattdessen macht er einmal ein paar Schnupperstunden auf einem Golfplatz und entwickelt sich zum leidenschaftlichen Golfspieler. Tennis interessiert ihn nicht mehr und auch einige seiner Tenniskollegen haben inzwischen zum Golf gewechselt. Wenn Kurt es nicht schafft, Carola diesmal zu vermitteln, dass es sein Revier ist, wird Carola auch bald den Golfplatz in Besitz nehmen. Wir sind gespannt, zu welchem Hobby Kurt dann flüchtet – Tontaubenschießen?

Ein gemütliches Plätzchen zum Ausruhen und Stärken

Wenn unser braver Held und Ritter nach Hause kommt, hat er es sich seines Erachtens nach verdient, in Harmonie und Frieden empfangen zu werden und sich ausruhen zu können.

Dabei geht es möglicherweise gar nicht darum, nichts mehr tun zu müssen – viele Männer kochen leidenschaftlich gerne oder haben die »Halbe-Halbe«-Regelung bereits intus.

Es geht darüber hinaus aber auch um die geistige Ruhe – nicht sprechen, nicht denken zu müssen. Um sich in diese Situation versetzen zu können, versuchen Sie bitte folgendes Gedankenexperiment:

Stellen Sie sich vor, Sie haben es einmal geschafft, sich freizuschaufeln, haben alles erledigt und gönnen sich nun etwas Zeit für sich selbst. Sie legen eine Gesichtsmaske auf, schalten angenehme Musik ein und legen sich mit Ihrem Lieblingsbuch in ein wohlig warmes Bad …

Nach fünf Minuten erscheint Ihr Männchen im Bad und fragt ganz arglos, wo seine Lieblingssocken sind, ob Sie Bier eingekauft hätten und wann das Essen fertig ist …

Stellen Sie sich bitte körperlich vor, wie in diesem Moment die ganze Entspannung aus Ihrem Körper entweicht und Sie binnen Sekunden wieder mitten in den Alltag gerissen werden. Fühlt sich irgendwie störend und unangenehm an, nicht wahr? Und auch wenn Sie ihn verscheuchen oder sich sogar aus der Wanne quälen und seiner Hilflosigkeit Abhilfe verschaffen – Ihre entspannte Stimmung wäre dahin und dementsprechend negativ Ihre Gesprächsbereitschaft.

Vielleicht können Sie jetzt besser nachvollziehen, warum Ihr Männchen in Momenten, in denen er es sich bequem gemacht hat – und freilich sind diese viel häufiger als Ihre bequemen Momente –, nicht sonderlich liebevoll reagiert,

26

wenn Sie ihn mit Alltagsproblemen oder dem wahnwitzigen Anliegen, ein Gespräch führen zu wollen, belästigen.

Es ist außerdem zu bedenken, dass Männchen und Weibchen doch unterschiedlicher sind, als man glauben könnte. Die Vorstellungen, wie man Aufgaben erledigt und Pflichten erfüllt, sind sehr verschieden und auch in ihrem Verarbeitungs- und Kommunikationsverhalten haben Frauen einen gegenüber dem Mann beinahe umgekehrten Mechanismus.

Während Männer noch dabei sind, ihre Inhalte intellektuell zu verarbeiten, und dabei noch weit davon entfernt sind, sie auch verbal formulieren zu können, haben Frauen bereits alles fix und fertig im Kopf oder verarbeiten ihre Erlebnisse im Zuge des »Darüber-Sprechens«. Entsprechend hat das Weibchen dann eben das Bedürfnis, die erlebten Inhalte auszusprechen, sie jemandem mitzuteilen, und das Männchen nur eines: nicht sprechen, nicht denken müssen – einfach nur Ruhe haben.

Zwei unterschiedliche Bedürfnisse zur gleichen Zeit unter demselben Dach! Ein klassisches Dilemma, das zwangsweise zu Missverständnissen und Streit führt. Aussagen wie »Du hörst mir gar nicht zu«, »Du interessierst dich nicht für mich« des Weibchens und »Kannst du mich einmal in Ruhe lassen?« oder Fluchtverhalten des Männchens sind dann an der Tagesordnung. Tipps dazu, wie Sie ihrem Kommunikationsbedürfnis und dem Ruhebedürfnis Ihres Männchens gleichermaßen entgegenkommen können, finden Sie ein paar Kapitel weiter.

Und das Wichtigste: Lob, Lob, Lob!!!

Wie wir bereits wissen, ist das Männchen gerne ritterlicher Held und will natürlich gerne bewundert werden. Um diese Bewunderung zu erlangen, versucht er alles Mögliche. Es wäre natürlich Unfug, Ihnen einzureden, er würde einmal freiwillig das Klo putzen, wenn Sie ihn nur genug loben. Aber im Sinne der allgemeinen Beziehungsqualität kommt eine grundsätzlich anerkennende und bestätigende Grundhaltung unseren kleinen Helden zur Aufrechterhaltung ihrer Grundmotivation sehr entgegen.

Wenn Sie sich an die Anfänge Ihrer Beziehung zurückerinnern, werden Sie sich wundern, wie viele Dinge Ihr Männchen ganz selbstverständlich gemacht hat, ohne dass Sie ihn darum bitten mussten. Er war zuvorkommend, hat Rosen oder andere kleine Dinge mitgebracht, Ihnen in den Mantel geholfen, SMS geschrieben, was auch immer – er war sicherlich stärker bemüht, Ihnen Gutes zu tun und Sie zu beeindrucken als heute.

Klarerweise verblasst diese erste Euphorie, denn schon alleine im Sinne des täglichen Energiehaushaltes wäre ein solcher Aufwand über Jahre hinweg nur schwer aufrechtzuerhalten. Aber auch ein anderes wichtiges Phänomen sorgt dafür, dass Männchen über die Zeit hinweg aufhören, ihre Weibchen beeindrucken zu wollen – und zwar weil sie erkennen, dass sie sie nicht mehr beeindrucken können.

Es beginnt schleichend mit dem ersten »Fehler«, sprich mit der ersten Kritik, die er von ihr erhält.

Stellen Sie sich einen kleinen vierjährigen Jungen vor, der sich wahnsinnig bemüht, seine Mama zu beeindrucken, und mit großem Aufwand ganz tolle Zeichnungen aus Wachsmalstiften extra für sie fabriziert. Natürlich übersieht er in seinem Eifer, dass er die ganze Tischplatte mitbemalt und ein paar Kreidestücke auf den Teppichboden fallen, die er auch noch unabsichtlich mit seinen kleinen Füßchen im Boden eintritt und verschmiert. Ganz stolz präsentiert er dann seiner Mama das Meisterwerk – aber anstatt sich über seine Bemühungen zu freuen, beginnt sie ihn heftig zu schimpfen, welches Chaos er im Wohnzimmer angerichtet hat.

28

Stellen Sie sich bitte seinen Gesichtsausdruck vor und versuchen Sie nachzuempfinden, was dieser so missverstandene Junge dann empfinden muss. Für mich ist dies immer wieder eine herzzerreißende Szene, die mir fast die Tränen vor lauter Mitgefühl für den Kleinen in die Augen treibt.

Natürlich ist auch das Verhalten der Mutter zu verstehen, keine Frage. Vielleicht hatte sie einen stressigen Tag, vielleicht war der Teppichboden neu und sündteuer. Aber das ist ja das Wunderbare an menschlichen Beziehungen – es gibt selten »Schuldige«, auch wenn wir noch so gerne danach suchen. Es gibt Ursachen und Wirkungen, und je nachdem, wo wir beginnen, können wir nachvollziehen, wie es dem anderen ergangen ist.

Zurück zu unserem kleinen Jungen, der nun, aus welchen Gründen auch immer, mit seinem Blatt Papier dasteht und die Welt nicht mehr versteht – schließlich hat er es doch nur gut gemeint.

Etwas ähnlich Herzzerreißendes findet in Ihrem Männchen statt, wenn das Weibchen beginnt, ihn für negative Dinge zu kritisieren, und die positiven dabei glatt übersieht.

Denken Sie einmal zurück! Auch wenn Sie aus Ihrem Blickwinkel heraus wirklich die allerbesten Gründe dafür gehabt haben, aber vielleicht können Sie sich jetzt sogar wieder an den »Anlass-Kritikfall« erinnern, mit dem Sie dem Enthusiasmus Ihres Männchens zum ersten Mal einen Schlag versetzt haben.

Wenn du einen Dobermann ausgewählt hast, mach ihm seine scharfen Zähne nicht zum Vorwurf!

Angenommen, Sie haben sich für den Dobermann entschieden, dann wird er Sie – in klassischer Dobermann-Art – in der

29

ersten Zeit auf Händen tragen. Er gibt Ihnen das Gefühl, eine Prinzessin zu sein, nimmt Sie überall mit, um Sie stolz zu präsentieren. Sie erleben gemeinsame Abenteuer, er überrascht Sie, wo er nur kann – und zwar genau so lang, bis er sich sicher ist, dass Sie ihm »gehören«.

Solange Ihre Beziehung keinen langjährigen Alltagstest bestehen muss, wird ja auch alles gut gehen. Aber wenn es dann darum geht, sich langfristig den Haushalt zu teilen, gemütliche Fernsehabende miteinander zu verbringen und die Alltagssorgen mit ihm zu besprechen, geben Sie dann bitte nicht Ihrem Männchen die Schuld, wenn er in diesen Punkten kläglich versagt. Mit großer Wahrscheinlichkeit wird er irgendwann in sein »altes Verhalten« zurückfallen, auf die Pirsch gehen, Abenteuer erleben, nur diesmal eben ohne Sie. Es verhält sich so wie mit dem armen Schäferhund, der aus seinem Haus mit Garten in eine Zweizimmerwohnung verbannt wurde und nun vergeblich versucht, sich von der Einengung zu befreien.

Sie haben sich mit einem Schäferhund eingelassen, also akzeptieren Sie auch, dass Sie einen solchen haben! Jede Hunderasse und jeder Männertyp hat seine Vor- und Nachteile.

Der intellektuelle, gefühlsbetonte Frauenversteher, der Ihnen jeden Wunsch von den Augen abliest, schnürt Ihnen möglicherweise nach kurzer Zeit mit seiner Aufmerksamkeit so die Luft ab, dass Sie ihn am liebsten vor die Türe setzen würden und ihm laut kreischend zu verstehen geben möchten: »Hast du überhaupt keine Selbstachtung mehr, du lahmer Waschlappen?«

Der tolle, rassige Erfolgstyp verwöhnt Sie zwar nach Strich und Faden mit Kleidern und Schmuck, denkt aber, nachdem er sie erlegt hat, nicht einmal mehr daran, Ihnen zuzuhören, weil für ihn alles, was aus Frauenmunde kommt, sowieso nur warme Luft ist. Sie sind seine Vorzeigepuppe – na und? Dafür haben Sie schöne Kleider! Das haben Sie sich ausgesucht.

30

Wenn Sie ihn nicht ändern können, bleiben Sie oder gehen Sie! Er müsste eine scharfe Persönlichkeitswandlung durchmachen, bis er sein chauvinistisches Weltbild ablegen wird – die Chance auf Änderung ist also gering!

Ich möchte Ihnen damit nicht nahelegen, dass Sie alles auf sich nehmen und Ihren Herrn und Meister ob seiner Grandiosität nur bewundern sollen, nachdem Sie so blöd waren und auf ihn reingefallen sind. Ich möchte Sie nur davor bewahren, in die alte österreichische Tradition zu verfallen: das Jammern vulgo Matschgern. Es leben zu viele Menschen, Männer wie Frauen, in diesem unsäglichen Zustand der permanenten Unzufriedenheit.

Mit Jammern ändern Sie keine Situationen, Sie verschlimmern sie nur. Und daher stellen Sie sich folgende Frage: »Kann ich dieses bestimmte Verhalten meines Mannes verändern?«

Wenn ja – gratuliere! Fangen Sie sofort damit an und lassen Sie nicht mehr locker, vielleicht kann Ihnen dieses Buch ja auch noch den einen oder anderen Ratschlag dafür mitgeben.

Wenn nein, dann stellen Sie sich folgende Frage: »Sind mir die anderen Eigenschaften dieses Mannes, unsere Lebensumstände, der Rest unserer Beziehung es wert, dass ich diese eine Schwäche in Kauf nehmen kann und will?«

Nein? Dann gehen Sie!

Ja – dann finden Sie vielleicht die eine oder andere Anregung in dem Kapitel »Wie gehe ich mit Eigenschaften meines Männchens um, die ich nicht ändern kann?«

Männer und Sex – ein vielschichtiges Thema

Ich bin nicht sicher, wie viele Bücher zum Thema Sex, Liebe, Zärtlichkeit und dem unleugbaren Unterschied zwischen der männlichen und der weiblichen Sexualität bereits geschrieben und gelesen wurden, aber es sind sicherlich unendlich viele. Umso mehr erstaunt es mich bis heute, wie wenig gegenseitiges Verständnis für diese Unterschiede aufgebracht wird, wie groß die Irrtümer in der gegenseitigen Einschätzung der sexuellen Bedürfnisse und Erwartungen sind und wie beharrlich die eigenen unrealistischen Standpunkte verteidigt werden.

Männer trennen tatsächlich Liebe und Sex – und Freud kann das erklären!

Allen, die es noch nicht gehört oder nicht wahrhaben wollen, möchte ich es noch einmal in aller Deutlichkeit ins Bewusstsein bringen: Die meisten Männer können, im Gegensatz zu den meisten Frauen, Sexualität und Liebe absolut trennen. (Auch wenn Frauen diesbezüglich schon stark im Vormarsch sind, ist es dennoch etwas ganz anderes!)

Sigmund Freud beschreibt dieses Phänomen mit den Worten: »Wo sie lieben, begehren sie nicht, und wo sie begehren, können sie nicht lieben« und siedelt die Ursache dessen im allseits bekannten Ödipuskomplex an. Ohne Anspruch auf Wissenschaftlichkeit oder Vollständigkeit sei dazu nur kurz der Hintergrund erklärt. Der kleine Knabe ist verliebt in die Mutter, und zwar ganzheitlich, mit Geist und Körper. Er erkennt, dass der Vater stärker ist und die Mutter dem Vater gehört,

32

er also die Mutter nicht voll besitzen darf. Aus Angst vor der Strafe des mächtigen Vaters (Kastrationskomplex) spaltet der Knabe den körperlichen Teil seiner Liebe zur Mutter ab und liebt sie fortan in einer guten, reinen, ausschließlich seelischen Form. Wenn die Beziehung zum Vater sehr angstbesetzt war, kann dieser Trennungsmechanismus sehr stark ausgeprägt sein.

Wenn Sie an Mythen und Märchen denken, finden Sie in jedem Kulturkreis das Bild der guten, reinen, großen Mutter (Magna Mater[1], Hl. Jungfrau / Mutter Maria etc.), die anbetungswürdig und über jeden Zweifel erhaben ist.

Was tut aber nun der kleine Knabe mit dem körperlichen Teil seiner Liebe, also mit seiner Sexualität? Im optimalen Falle verliebt er sich später in eine andere Frau, in der er beide Teile dieser Liebe vereinen kann. Oft passiert es jedoch, je vertrauter diese Beziehung wird, dass das alte, reine »Mutterbild« durchschlägt und die Frau (gegen ihren Willen) den Status der guten, aber leider unantastbaren Mutter erlangt. Für die niederen Triebe gibt es den Mythos der Dirne, des wollüstigen Weibes – die Sexualität wird mit Fremden, mit Unbekannten ausgelebt, die in schlimmen Fällen dafür dann sogar noch verachtet werden, weil sie Zeugin der doch so unterdrückten sexuellen Triebhaftigkeit des Mannes geworden sind.

Diese Theorie, auch wenn sie noch so unglaublich und unfair klingt, kann eine Menge männlicher Verhaltensweisen erklären, die normalerweise bei uns Frauen auf schlichtes Unverständnis stoßen.

---

1 Magna Mater bezeichnet u. a. den Mutterarchetyp von Carl Gustav Jungs Analytischer Psychologie. Manche Autoren sehen im Magna-Mater-Kult einen Vorläufer der Marienverehrung.

Die geheimnisvolle Verwandlung des Don Juan nach dem Sex

Eine klassische Aussage von Kampfmännchen nach einem One-Night-Stand: »... und wenn ich dann gekommen bin, kann sie gar nicht schnell genug wieder weg sein.«

Ein Satz, den nur sehr abgebrühte Frauen verstehen können, denn was gibt es für uns Schöneres, als sich »danach« so richtig schön zusammen zu kuscheln und miteinander einzuschlafen. Aber wenn Sie das vorherige Kapitel aufmerksam gelesen haben, werden Sie sich über diesen Satz nicht mehr weiter wundern, denn genau das passiert mit vielen Männchen, wenn sie wieder »Herr über sich selbst« geworden sind. Es ist bewiesen, dass im Männchen beim Anblick einer schönen Frau Hirnregionen aktiviert werden, die entwicklungsgeschichtlich gesehen uralt sind. Böse ausgedrückt, wird der Mann auf die niedrigsten Triebbedürfnisse reduziert und unterscheidet sich in diesem Zustand kaum von einem paarungsbereiten Frosch oder Hahn. Deshalb ist es ja auch so einfach, Männern vor oder während dem Sex so gut wie jedes Versprechen zu entlocken! Ihr Großhirn ist mehr oder weniger lahmgelegt.

Nach der Ejakulation verändert sich das Männchen wieder blitzartig zurück. Nach der Erschöpfungsphase ist auch die Vernunft wieder da und dazu kommt noch dieser eigenartige »Liebe-und-Sex-Trennmechanismus«, der besonders stark wirkt, wenn noch keine Gefühle im Männchen entwickelt sind.

Haben Sie schon einmal erlebt, dass ein Mann, den Sie nur kurz kennen und mit dem Sie eine fast ausschließlich sexuelle Beziehung verbindet, mit den unmöglichsten Ausreden versucht, sich nach dem Akt schnell zu verdrücken. Noch schlimmer ist es, wenn Sie bei ihm nächtigen und der charmante Don Juan sich plötzlich in einen gestressten Hektiker verwan-

34

delt, der noch dringend (um 5 Uhr früh!!!) etwas erledigen muss und Sie »schweren Herzens« bittet, doch sein Bett, seine Wohnung – und am allerbesten sein Leben – zu verlassen.

Vermeiden Sie in solchen Fällen im eigenen Interesse derartige Peinlichkeiten und kommen Sie ihm zuvor. Die Chance, dass Sie ihm auf die Nerven gehen, wenn er aufwacht und Sie noch strahlend vor postkoitaler Wonne neben ihm liegen, ist sicherlich hoch, insbesondere, wenn es sich um eine sehr testosterongesteuerte Form von Kampfmännchen handelt. Sollte er Sie noch nicht rausgeschmissen haben und Sie tatsächlich in trauter Zweisamkeit eingeschlafen sein, überlegen Sie sich gut, ob Sie tatsächlich bis zum Morgen bleiben.

Wenn Sie den Eindruck haben, es handelt sich um eine »gemäßigte« Männchenform, besteht durchaus die Chance, dass er mehr von Ihnen wollte als nur einen One-Night-Stand. Dann wird er sich auch am nächsten Morgen noch freuen, wenn er sie wachküssen und mit einem Frühstück verwöhnen kann.

Sind Sie sich aber nicht sicher, was die vorwiegenden Beweggründe seiner so romantischen Liebesbezeugungen waren, geben Sie ihm die Chance, Sie zu vermissen! Verlassen Sie noch während er schläft unbemerkt die Wohnung. Dies ist in allen Fällen besser als die Katerstimmung am nächsten Morgen, wenn in seinem Kopf ein einziger Gedanke hämmert: »Wie werde ich sie so schnell wie möglich wieder los?«

Dieses unromantische und beleidigende Verhalten dauert nur so lange, bis sich sein Jagdtrieb wieder erholt hat und er den nächsten Anlauf zu Ihrer Eroberung unternimmt – dann werden Sie Ihren Don Juan wiederfinden – zumindest solange er noch nicht ejakuliert hat. Sie können das Spiel dann gerne nach dem Motto »Ich bin die Beute, du der Jäger« so weit fortsetzen, bis sogar er beginnt, mehr als sexuelle Gefühle für Sie zu hegen.

Sollte sich das Ganze in Richtung Beziehung entwickeln, warten Sie bei Kampfmännchen auf das nächtliche Durchschlafen in seiner Wohnung, bis wirklich klar ist, dass er möchte, dass Sie bleiben!

Ein schmachtender Don Juan ist besser als ein verachtender Don Juan!

Ein Seitensprung muss nicht bedeuten, dass etwas nicht in Ordnung ist

Männchen können Sex und Liebe trennen, das wissen wir bereits. Die einen können es mehr, die anderen weniger. Diejenigen, die es sehr gut können, empfinden weder Reue noch Scham, wenn sie neben ihrem Weibchen noch Sex mit anderen haben. Es fällt beinahe unter körperliche Ertüchtigung. Der Sinn dahinter ist meistens, sich selbst zu bestätigen, was sie für ein toller Hecht sind. Manchen genügt es, so lange zu flirten, bis sie die Gewissheit haben, dass ihr Opfer mitgehen würde. Für diese Männchen gilt das bereits schon als Abschuss und sie sind nicht körperlich fremdgegangen. Das ist in meinen Augen die »Gentleman-Variante«.

Leider besitzen nicht alle Männchen auf der Jagd nach Selbstbestätigung ein so hohes Ausmaß an Vorstellungskraft und Disziplin. Sie müssen für sich selbst immer wieder den Beweis antreten, dass sie es noch draufhaben. Wenn sie gefragt werden, ob sie dabei nicht ein schlechtes Gewissen wegen ihrer Partnerin haben, gibt es einen erstaunten, verständnislosen Blick und die Antwort: »Nein, wieso? Das hat doch gar nichts mit ihr zu tun.«

So weit, so gut – solange das Weibchen es entweder akzeptiert oder nichts davon erfährt. Denn das Weibchen wird es nicht ganz so empfinden, dass es nichts mit ihr zu tun hat. Im

36

Gegenteil. Im Weibchen bricht die gleiche Reaktion hervor, als würde es sich um eine ernste Affäre handeln, denn Weibchen trennen selten Sex und Liebe und können sich daher auch nicht vorstellen, dass für viele Männchen die Kopulation mit einer unbekannten Frau oder auch Prostituierten nicht viel mehr emotionalen Gehalt hat, als ihr bestes Stück in ein enges Baumloch zu stecken.

Ein Männchen, das mit einer anderen Frau als seiner eigenen schläft, kann hundert Gründe haben, warum er dies tut, aber einer ist mit hoher Wahrscheinlichkeit nicht dabei: Weil er seine Frau nicht mehr liebt. Oftmals geht es um Anerkennung, um sexuelle Vorlieben, die er mit seiner Partnerin nicht ausleben möchte, weil sie ihm dafür zu schade ist. Denken Sie bitte an die Minne und den guten Dr. Freud. Die heiß umkämpfte, endlich eroberte und wertvolle Beute (seine Partnerin) steht auf einem Sockel und wird angebetet. Sie kann nicht für demütigende Sexspielchen verwendet werden, auch wenn die Frau nicht einmal abgeneigt wäre, ganz im Gegenteil, ein bisschen mehr Abwechslung im Bett sogar anregend finden würde.

Eine der treffendsten Aussagen habe ich diesbezüglich in einem deutschen Film gehört. Mario Adorf, ein potenzschwacher Lokalbesitzer, wird von seinem Freund gefragt, ob seine Frau ihn hin und wieder oral befriedige. Darauf antwortet der eingedeutschte Italiener völlig entsetzt: »Bist du verrückt? Mit diesem Mund küsst meine Frau am Abend unsere Kinder.«

Sie sehen, je stärker die Verwandlung der Frau in Richtung »große Mutter« vollzogen ist, je klarer strukturiert das »Mutter-Vater-Kind-System« bereits ist, desto schwieriger wird es für manche Männchen, mit ihrer Partnerin Sex nach Lust und Laune zu haben. In dieser zwiegespaltenen Auffassung von Liebe und Sex spielt oft eine gewisse demütigende, verächtliche Einstellung anderen Frauen gegenüber eine Rolle. Nicht von ungefähr kommt der Ausspruch »Alles Schlampen außer Mutti«. Als Lebenspartnerin bewegt sich ein Weibchen auf einer ewigen Gratwanderung zwischen der begehrten Frau (mitunter = Schlampe) und der verehrten Mutti, und es ist wirklich ein Trapezakt, immer wieder dieses Gleichgewicht zu halten und sich dabei nicht selbst zu verleugnen.

Seien Sie sich dessen bewusst: Wenn Ihr Männchen eine sehr ausgeprägte Heilig/Hure-Spaltungstendenz hat, wird er trotz all Ihrer Versuche, zu Hause das erotische Feuer am Knistern zu halten, manchmal fremd- oder ins Bordell gehen – und das liegt wirklich nicht an Ihnen! Auch wenn Sie sich noch so bemühen, in Lack und Leder vor ihm herumstelzen, Rosenblätter streuen und Dessous anziehen – wenn Ihr Männchen diese Zwiespältigkeit in sich trägt, braucht er hin und wieder den Kick der Demütigung des Weibes. Und die kann und will er zu Hause nicht bekommen.

Diese Männer gehen zu Prostituierten, um diese beherrschende, machtvolle Rolle ausleben zu können. Ich bezahle dich und dafür kann ich mit dir machen, was ich will. Oft machen sie dabei kaum etwas anderes als zu Hause, aber ihre Haltung ist eine andere. Sie dürfen die Prostituierte benutzen, sie verachten und sich dabei groß, mächtig und erhaben fühlen.

Zärtlicher Blümchensex mit Gefühl und Kuscheln ist der Partnerin zu Hause vorbehalten. Das ist zwar schön, verliert aber mitunter irgendwann einmal seinen Reiz (auch für die Frau, die sich ja sehr wohl auch einmal gerne als Schlampe fühlen würde – es gibt ja auch einen Grund, warum sich immer mehr verheiratete Frauen Lover zulegen, um dieses »Schlampengefühl« erleben zu können und ihre Ehe nicht zu gefährden). Denn es bringen nicht viele Paare zustande, diese aggressive Komponente in ihr Sexualleben einzubauen. Es

38

wirkt mitunter dann doch für viele Frauen etwas befremdend, im Bett vom eigenen Mann als »dreckige Schlampe« bezeichnet zu werden. Und auch wenn nicht, ist es nicht einfach, einmal ihrem Männchen begreiflich zu machen, dass sie nicht immer nur die zarte Rose sind, für die er sie hält.

Ich weiß nicht, ob es mir gelungen ist, Ihnen ein klein wenig mehr »Verständnis« für dieses doch sehr befremdliche Sexualverhalten der Männchen näherzubringen. Natürlich können Sie sagen: »Alles gut und schön, aber wenn er sein Ding nicht im Griff hat, kann er mich vergessen!« Ja, vollkommen richtig. Wenn für Sie körperliche Treue per se das Wichtigste ist, werden Sie meine Ausführungen auch nicht sonderlich beeindrucken. Dann heißt es für Sie einfach: »Geht er fremd, fliegt er raus, egal, wie sehr er mich angeblich noch liebt. Das lass ich mir einfach nicht gefallen!«

Für viele Frauen ist ein Seitensprung allerdings gleichbedeutend mit »Er liebt mich nicht mehr«. Vollkommen klar, dass diese Kränkung eine noch viel größere und schmerzhaftere ist, als feststellen zu müssen, dass der Kleine wieder mal unerlaubt in fremden Revieren gewildert hat. Wie auch immer Sie mit den körperlichen Besitzansprüchen an Ihrem Männchen umgehen, mir ist dabei nur wichtig, dass Ihnen eines klar ist, wenn Sie ihn in den Wind schießen: Die sexuelle Untreue Ihres Mannes muss NICHTS, aber auch rein gar NICHTS damit zu tun haben, dass er Sie nicht mehr abgöttisch liebt!

Formen von nicht-artgerechter Männerhaltung oder wie Weibchen ihren Männchen den letzten Nerv ziehen können

Nachdem ich im Vorfeld die wesentlichsten männlichen Grundbedürfnisse beschrieben habe, werde ich im Folgenden darauf eingehen, mit welch unterschiedlichen Methoden Weibchen diese Grundbedürfnisse missachten können und mit welch subtilen Verhaltensweisen die Männchen sich wiederum dagegen wehren. Mit anderen Worten: Manege frei für den ewigen Kampf der Geschlechter!

Erleben Sie das unglaubliche Spiel um Macht, Anerkennung und Verständnis. Bestaunen Sie das vehemente Verweigern von gegenseitiger Achtung, wundern Sie sich über das beharrliche Aufdrücken der eigenen Ideen! Genießen Sie das Karussell von Verboten, Einengung und Eifersucht und lassen Sie sich die Krönung nicht entgehen: den ewigen Streit, wer denn nun wohl recht hat. Der Zirkus des Lebens wünscht Ihnen viel Vergnügen!

Die vernichtendste Waffe der Frauen: Kommunikation

Die beste Aussage, die ich jemals zur Komplexität einer langjährigen Mann-Frau-Beziehung gehört habe, war von einer Klientin, die mich fassungslos fragte: »Wieso können Sie so gut mit meinem Mann reden? Wenn ich versuche, mit ihm zu sprechen, versteht er mich einfach nicht und gibt keine Ant-

40

wort!« Ich musste damals schmunzeln und erklärte ihr: »Das kann vielleicht daran liegen, dass ich nicht 20 Jahre mit ihm verheiratet bin«, und das meinte ich auch so.

Klarerweise verändert sich im Laufe der Jahre die Gesprächskultur eines Paares. Kleinigkeiten bekommen eine Bedeutung, Unausgesprochenes steht mächtig im Raum und krabbelt über liegen gelassene Socken und die legendäre offene Zahnpastatube über unseren Rücken in unsere Streitgespräche und selten wird tatsächlich über das gesprochen, worum es wirklich geht.

Das geht allen so, Männchen wie Weibchen, und doch haben die Damen einen kleinen Vorteil. Sie erkennen früher, wenn ihnen etwas auf den Nerv geht. Sie wissen meistens, warum sie so gekränkt, schlecht gelaunt oder aggressiv sind, und können Ursache und Wirkung zumindest subjektiv wahrnehmen. Männchen merken maximal, dass sie Lust auf ein Bier bekommen oder es hinauszögern, nach Hause zu fahren. Warum das so ist, davon haben sie selbst keinen blassen Schimmer.

Eine Möglichkeit, sich der Innenwelt Ihres Männchens zu nähern, wäre zu versuchen, seine »Sprache« zu entziffern. Diese ist nämlich vor allem im nonverbalen Bereich vielschichtiger, als Sie glauben! Es ginge also darum, den »Code« zu knacken, denn Männchen geben sehr wohl zu verstehen, was in ihnen vorgeht, auch wenn sie es selbst nicht so genau wissen. Sie müssen nur richtig verstanden werden!

Weibchen weigern sich allerdings sehr vehement, diese Sprache zu verstehen, denn sie erwarten, dass Männchen verbal ausdrücken, was in ihnen vorgeht. Sie akzeptieren die »Zeichen« (welche Zeichen ich meine, finden Sie im Kapitel »Wie Männchen auf nicht-artgerechte Haltung reagieren«) nicht. Sie wollen es mit eigenen Ohren hören. Diese Weibchen beschweren sich dann, wenn sie verlassen oder betrogen werden, dass sie ja keine Ahnung hatten, dass er unglücklich gewesen wäre. Dabei haben sie doch so oft gefragt, ob eh alles in Ordnung wäre! Aber immer wenn sie versucht haben, mit dem Männchen in einem Gespräch die Klärung eines Problems herbeizuführen, sind sie dabei auf eine riesige, unerschütterliche Mauer des Schweigens gestoßen.

Warum fällt es denn nun Männchen so schwer, auf diese liebevoll und achtsam gestellten Fragen im Sinne von »Ist was nicht in Ordnung, Schatz?«, »Bist du glücklich mit mir?«, »Du würdest es mir doch sagen, wenn etwas nicht stimmt?« zu antworten?

Warum würden sich Männchen oft lieber die Zunge abbeißen, als zu sagen, was tatsächlich in ihnen vorgeht?

»Mit dir kann man nicht reden«

Karla hat eines dieser vermeintlich schweigsamen Männchen. Sie fragt sich ständig, wieso sie mit Fritz über nichts richtig reden kann. Entweder weicht er aus, murmelt etwas oder er schaltet den Fernseher ein. Aber seine Meinung klar sagen, das kann er nicht.

Karla müsste Fritz einmal sehen, wenn er mit seinen Arbeitskollegen beisammen ist. Von Schweigsamkeit ist da keine Spur, ganz im Gegenteil, dort ist er Rädelsführer und hat auch schon so manche Veränderung in der Firma bewirken können.

Aus der Sicht von Fritz verhält sich die Sache schon ein bisschen anders, denn er weiß, welche Seiten Karla aufziehen kann, wenn sie schlechte Laune hat. Er weiß das, und er hat sich nach seinen eigenen Worten schon daran gewöhnt, Karlas »Kratzbaum« zu sein. Wenn er merkt, hier ist Feuer am Dach, z. B. wenn Karla schon mit diesem eigenartigen Blick von der Arbeit nach Hause kommt, beginnt er sich intensiv mit dem Fernseher auseinanderzusetzen, gibt ihr in allem recht und vermeidet jedes unnötige Wort, das sie doch nur zu einem Aufstand anregen könnte.

42

Klarerweise regt Karla genau dieses Verhalten von Fritz mächtig auf. Wenn er nur mit »Ja, mein Schatz« antwortet, liegt der Schluss nahe, dass er überhaupt nicht zuhört, und genau das bringt sie auf die Palme. Der arme Fritz kann eigentlich (aus seiner Sicht) machen, was er will, er kommt um die »Kratzspuren« nicht herum, wenn Karla schlechte Laune hat.

Aus Karlas Sicht ist die Situation natürlich eine ganz andere. Wenn sie Stress im Büro hatte, kann es schon sein, dass sie nicht sooo gut gelaunt heimkommt, aber das kann ja wohl nicht so schlimm sein. Und immer genau dann, wenn sie Fritz am nötigsten als Zuhörer brauchen würde, tut er so, als würde ihn das Ganze nichts angehen. Er sitzt teilnahmslos vor dem Fernseher, macht irgendwelche Sachen am PC und ist an dem, was Karla ihm zu sagen hat, vollkommen uninteressiert. Dieses Verhalten von Fritz trägt natürlich noch mehr zu ihrer schlechten Laune bei und irgendwann platzt ihr dann einfach der Kragen ob ihres so ignoranten Lebensgefährten.

Drehen wir die Zeit ein paar Jahre zurück, an den Anfang der Beziehung der beiden. Damals war Fritz noch dieser liebevolle Zuhörer, der mit vorsichtigen Ratschlägen seine Meinung kundtat, und Karla in ihrem verliebten Zustand freute sich über die weisen Ideen ihres so bewunderten neuen Freundes. Im Laufe der Zeit – die Gefühle gingen von hochlodernden Liebesflammen in dieses gute, warme Gefühl, geliebt zu werden und zu lieben, über – blieben die Probleme von Karla ziemlich die gleichen. Entsprechend gleich blieben auch die Ratschläge von Fritz, die mit der Zeit jedoch ihren liebevoll-vorsichtigen Tonfall verloren. Stattdessen kamen Kurzantworten wie: »Sag ihnen doch einfach, was dir nicht passt« oder »Na, dann kündige eben«. Ratschläge, die sicherlich einen gewissen Wahrheitsgehalt mitbringen, aber mit denen Karla genau gar nichts anfangen konnte. Dies war dann auch die Rückmeldung, die Fritz auf seine sicherlich lieb gemeinten Lösungsvorschläge erhielt. Als er dann merkte, dass er Karla mit seinen Ideen nicht weiterhelfen konnte, gab er es irgendwann auf und begann einfach mit der – genauso erfolglosen – Strategie, in Deckung zu gehen, wenn so ein »Problem« bei Karla anstand.

Dabei hat er genau den Teil übersehen, den Karla in diesem Moment brauchen würde: ein offenes Ohr! Ich denke, die männliche Mentalität des »Machens« ist inzwischen gemeinhin bekannt. Männchen können nun mal nicht zuhören. Sie müssen reparieren. Wenn Männchen nicht reparieren dürfen, ist für sie das Problem auch nicht mehr interessant, deshalb wollen sie es dann auch nicht mehr hören. Und Weibchen wollen nicht, dass ihre (kleinen) Probleme repariert werden, das schaffen sie schon selbst, sie möchten nur darüber reden dürfen.

Wenn man Fritz fragt, warum er in Deckung geht und nichts mehr sagt, gibt es natürlich auch eine klare Antwort: Sie solle ihn doch bitte einmal ausreden lassen, wenn er etwas vorschlägt, und seine Meinung stehen lassen, ohne ihn für geisteskrank zu erklären.

Klingt eigentlich von beiden Seiten logisch. Eigentlich wollen beide nur reden und das Gefühl haben, dass der andere ihnen zuhört. Und da haben wir es, das seltsame, aber immer wieder zu beobachtende Phänomen, dass sich jeder vom anderen eigentlich das Gleiche wünscht.

Aber auch wenn es nicht darum geht, dass das Weibchen ein Problem hat, ziehen sich viele Männchen immer wieder im Gespräch zurück, weil sie das Gefühl haben, dass sie mit ihren Argumenten nicht durchkommen und das Weibchen sowieso nur seine eigene Meinung gelten lässt. Was ist nun aber so schwer daran, seinem Männchen zuzuhören, es ausreden zu lassen und seine Meinung zumindest in Betracht zu ziehen?

44

Die weibliche Guerilla[2]-Taktik zur Vernichtung des Männchens

Ich weiß, die Überschrift dieses Unterkapitels ist wenig schmeichelhaft für Weibchen, aber wenn wir folgendes Gesprächsbeispiel einmal näher betrachten, werden Sie mir vielleicht zustimmen, dass Frauen tatsächlich eine Gabe haben, das Männchen verbal in die Ecke zu zwingen. Das Weibchen merkt es noch gar nicht und freut sich, dass sie endlich einmal so schön offen mit ihrem Männchen reden kann. Und wenn es dann so richtig spannend wird, steht er einfach auf und geht – komisch. Warum das wohl so ist ...

Beim Abendessen:

Sie: Was hat dein Chef zu deiner Gehaltsforderung gesagt?
Er: Ach, der war heute nicht im Büro.
Sie: Wieso? Gestern hast du noch gesagt, dass du ihn extra heute fragst, weil er eben da ist.
Er: Ich weiß, aber er musste plötzlich zum Nachbarwerk, weil da etwas nicht richtig geliefert wurde.
Sie: Ist das nicht das Nachbarwerk, für das du zuständig warst?
Er: Ja schon, aber diese Lieferung hatte mit mir nichts zu tun.
Sie: Ach so, mit wem denn sonst?
Er: Mit dem neuen Mitarbeiter, den ich einschulen sollte.
Sie: Ach so, beginnt der jetzt, deinen Platz zu übernehmen?

Das Männchen hat jetzt, wenn auch unbemerkt, seinen ersten Adrenalinausstoß, da irgendetwas in ihm (man kann es auch männliches Ego nennen) diese Frage als direkten Angriff auf

---

2 »Guerilla« = eine militärische Taktik von Freiheitskämpfern wie z. B. »nadelstichartige« militärische Operationen, die den Gegner nicht vernichten, sondern zermürben sollen

seinen beruflichen Erfolg erlebt. Die Unterhaltung beginnt ihm bewusst oder unbewusst unangenehm zu werden, weil er beginnen muss, genauer nachzudenken, seine Kollegen und seine Handlungen zu rechtfertigen.

Er: Nein, wie kommst du darauf?
Sie: Nur so, wäre ja nicht das erste Mal, dass dich jemand überrundet hätte.

Der zweite Magenstüber: Das Männchen merkt noch nicht, wie hoch sein Adrenalinspiegel inzwischen ist, ist aber nicht mehr bereit, die Unterhaltung fortzuführen, da er keine Ahnung hat, wie er auf eine derartig untergriffige Gemeinheit, die wie aus dem Nichts erschienen ist, reagieren soll. (Wäre sie ein Mann, hätte er eine Idee, aber sie ist nun mal seine Frau!)

Er: Ach du, davon verstehst du ja nun wirklich nichts!
Sie: Was heißt, ich versteh davon nichts? Wer war es denn, der genau vor einem Jahr hier gesessen ist und geflucht hat, wie gemein sein Kollege nicht zu ihm ist?

Das Männchen hat keine Ahnung, von welchem Ereignis sein Weibchen mit dem fotografischen Gedächtnis hier spricht, und steht auf.

Er: Ich muss mal nach dem Hund sehen.
Sie: Ach, immer wenn wir uns gerade einmal unterhalten, stehst du auf und gehst. Mit dir kann man aber wirklich nicht reden!
Er: Jaja – (Macht die Tür zu und geht.)

Diese weibliche Technik des Verwickelns in Widersprüche und das ständige Einhaken beim gerade Gesagten, dazu unterschwellige Angriffe, scheinbar harmlose Fragen und ein

46

unglaubliches Gedächtnis sind zusammengenommen fast unschlagbar. Damit kommen wir wunderbar vom Hundertsten ins Tausendste und zu guter Letzt sitzt das Männchen schweißgebadet da und weiß nicht mehr, wie es sich noch rausreden soll. Dabei weiß es nicht einmal, warum es sich auf einmal rausreden soll, denn eigentlich war doch bis vor diesem Gespräch in seinem Leben alles in Ordnung.

Wen wundert es, dass ein Mensch bei so einer Unterhaltung, besser gesagt bei so einem Verhör, die Lust am Plaudern verliert.

Aus der Sicht des Weibchens verständlich. Sie macht sich Sorgen und möchte, dass ihr Männchen den bestmöglichen Platz in der Nahrungskette hat. Schließlich geht es um die Sicherstellung der Nachkommenschaft, und das gelingt am besten mit dem stärksten Männchen.

Was sie aber mit ihrer Fragerei, mit ihrem offenkundigen Misstrauen und ihren versteckten Anspielungen erreicht, ist, dass sich das Männchen in sich zurückzieht, weil es das Gefühl hat, vom KGB verhört zu werden. Frei nach dem Motto: »Jede Aussage kann und wird vor Gericht gegen Sie verwendet werden« wird das Männchen sich hüten, sich in Aussagen zu verstricken, die es dann bei geeigneter Situation vom Weibchen unter die Nase gerieben bekommt.

Es heißt oft, Weibchen wären den Männchen rhetorisch überlegen. Das stimmt, wenn man es neurophysiologisch betrachtet. Aber wenn Weibchen so überlegen sind, wieso schaffen sie dann immer das Gegenteil dessen, was sie eigentlich möchten, nämlich ein Gespräch mit dem Männchen? Warum verwenden Weibchen ihre ach so großartigen rhetorischen Fähigkeiten wie eine Guerilla-Taktik um das Gegenüber zu vernichten? Warum nutzen sie ihre rhetorische Überlegenheit nicht einmal, um das Männchen aus der Reserve zu locken, ihm das gute Gefühl zu geben, dass er jemanden hat, der ihm wertfrei zuhört. Sogar die Chinesen verbünden sich mit ihrem Feind und lächeln ihn zuerst einmal an.

Bist du anderer Meinung, bist du gegen mich
Besonders heikel wird die »Mit dir kann man nicht reden«-Geschichte, wenn das Männchen anderer Meinung ist als das Weibchen. Noch brisanter wird das Ganze, wenn es sich um Beziehungsfragen handelt – zumindest aus Sicht der Männer. Diese haben die Gabe, sich in einen »Wackeldackel« zu verwandeln, wenn das Weibchen etwas sagt, dem das Männchen nicht zustimmt. Wenn er anderer Meinung ist oder glaubt, dass die Sache anders war, wird er diesen Widerspruch einfach überhören und liebevoll, nachsichtig nicken. Er wird nur dann etwas dagegen sagen, wenn seine persönliche Freiheit, also sein persönliches Leben davon beeinflusst ist.

Möglicherweise durch ihr frühzeitig stark gefördertes Selbstbewusstsein sind Männchen besser in der Lage, ein »Anderssein« oder ein »Nicht so wie ich es mir vorstelle«-Sein von anderen und auch von ihrem Weibchen besser anzunehmen. Abgesehen davon würde es ihrem ausgeprägten »Ich will meine Ruhe haben«-Bedürfnis widersprechen, wenn sie sich über jede anders geartete Meinung aufregen würden. Ich habe eine Meinung, sie eine andere – O.K. Wo ist das Problem? Reden wir eben über etwas anderes!

Für Weibchen ist das Ganze in vielen Fällen nicht so einfach. Sie haben früh gelernt, sich an die Wahrheit (bzw. was dafür gehalten wird) zu halten, brav zu sein und sich schön ordentlich an die Regeln zu halten. Deswegen fühlen sie sich unbewusst als Hüter über Ordnung und Wahrheit. Sobald das Männchen in einer Erzählung oder Erklärung sich selbst widerspricht, die Tatsachen verdreht oder sonst irgendetwas von sich gibt, das nicht im Einklang mit der Meinung des Weibchens steht, wird dies sofort geahndet.

48

Es beginnt das Projekt »Überzeuge den armen Unwissenden von der Wahrheit, von der einzigen, guten, gerechten – MEINER Wahrheit«. Meistens beginnt dieses Projekt mit den mehr oder weniger heftig ausgesprochenen Worten: »Das stimmt ja überhaupt nicht!«

Was ist die erste Reaktion des Männchens auf diesen Satz? Ein paar tapfere Krieger versuchen vielleicht sogar noch, mit einigen stichhaltigen Argumenten durch den verbalen Feuerhagel zu kommen. Leider nützt es ihnen gar nichts, denn während das Männchen noch dabei ist, seine Meinung zu argumentieren, überlegt sich das Weibchen bereits die Gegenantwort, die mit ziemlicher Sicherheit eine der folgenden Aussagen beinhaltet: »Ist ja gar nicht wahr« oder »Das war ja nur, weil du …«

In beiden Fällen kann das Weibchen ja gar nicht mitbekommen haben, was das Männchen tatsächlich gesagt, geschweige denn gemeint haben könnte, weil sie ja, anstatt zuzuhören, schon an ihrem Gegenangriff gearbeitet hat. (Männchen machen das zwar auch, aber weniger erfolgreich!) Entweder sie führt mit »Stimmt nicht« seine Wahrnehmung ad absurdum oder sie unterbreitet ihm, egal was war, dass es ohnehin seine Schuld war: »Das war ja nur, weil du …«

Sollten die Argumente des Männchens wider Erwarten so stichhaltig sein, dass selbst dem Weibchen bei genauer Betrachtung nur noch ein zustimmendes »O. K., da hast du recht« übrig bleiben könnte, spielt sie ihre nächsten Trümpfe aus. Besonders beliebt sind dabei Fangfragen oder Vorwürfe aus gaaaaaanz alten Zeiten, die das Männchen schon längst in den Urgründen seines Gedächtnisses vergraben hatte. Spätestens dann wirft das Männchen das Handtuch. Was bleibt ihm denn anderes übrig?! Er steht alleine an der Wand, hilflos und aller seiner argumentativen Waffen entledigt.

Ich komme noch einmal auf das Ruhe- und Bequemlichkeitsbedürfnis von Männchen zurück. Wenn das Männchen sich so offenkundig missverstanden oder angegriffen fühlt und sich angesichts der oben beschriebenen Guerilla-Taktik der Weibchen sowieso hoffnungslos unterlegen weiß – was bitte würden Sie an seiner Stelle tun? Na also – aufstehen und gehen. Oder gar nicht erst zu Hause erscheinen oder ganz dringend etwas Wichtiges am PC zu erledigen haben. Ist doch nachvollziehbar, oder?

Meine Wahrheit, deine Wahrheit, keine Wahrheit

Ein immer wiederkehrendes Thema im täglichen Geschlechterkampf ist die Ansicht von Weibchen, dass ihr Männchen gelogen hat – dabei geht es um verschiedene wichtige und weltbewegende Themen, wie z. B. »War Onkel Max auf der Taufe von Klein Berta anwesend oder nicht?«, »Hast du diese Aussage vor oder nach dem Urlaub getätigt?«, »War dein Jobwechsel vor einem oder vor drei Jahren?«.

Dieses Drama gipfelt in der latenten Misstrauensbekundung: »Warum hast du mir nicht erzählt, dass …«, da Weibchen davon ausgehen, dass alles, was nicht aktiv erzählt wird, bewusst »verschwiegen« wird. Aufgrund der anders organisierten Gedächtnisstruktur ist es einem Weibchen absolut unvorstellbar, wie man so dämlich sein kann, so wichtige Dinge zu vergessen wie das Treffen mit der Ex, den Biernachmittag mit Freunden oder das Telefonat mit Vorgesetzten usw.

Ich betone noch einmal: Dieses Kapitel über die Wahrheit ist definitiv den ANGEBLICHEN Lügen gewidmet, Lügen, die von Frauen als solche empfunden werden, während das Männchen aber sicher nicht in böser Absicht handelt!

»Du hast gelogen!«

Die gefürchtete Frage »Was hast du heute so gemacht?« bildet den Einstieg in das abendliche Drama. Sie, wissend, weil ihre Freundin bereits angerufen hat, um ihr zu erzählen, dass der Holde ein nachmittägliches Bier in gemütlicher Männerrunde genossen hat, weil sie zufällig an der Stammkneipe vorbeigegangen ist, wartet nun auf seine »Beichte«. Er freilich druckst herum und erzählt Belanglosigkeiten, geschäftlichen Kleinkram – aber genau dieses eine Ereignis nicht. Bingo!

»Du verheimlichst mir etwas. Da steckt doch etwas dahinter, wenn du mir nicht erzählen kannst, dass du dich am Nachmittag mit deinen Freunden triffst. Waren denn auch Frauen dabei? Ich wusste es, du betrügst mich!«

Der Arme weiß gar nicht so recht wie ihm geschieht, hat er doch schlichtweg nicht mehr daran gedacht, dass er mit Tom und Karl noch auf ein kurzes Bier nach dem Mittagessen im Lokal um die Ecke war, weil Tom ihm schnell noch etwas erzählen musste. Als er wieder im Büro angekommen war, hatte er zwei Meetings, ein Einstellungsgespräch und einen Notfall zu lösen, und als er nach Hause gekommen ist, war er einfach nur noch froh, seine Ruhe zu haben.

Und jetzt steckt er mitten in einer Beziehungskrise und hat keine Ahnung, wie er da hineingeraten konnte.

Männchen haben eine andere Art, Erlebnisse aufzunehmen und zu bewerten, als Frauen. Nun haben wir ja schon im Unterkapitel »Das kleine eigene Reich: sein Hobby« gesehen, dass es für Männchen nie infrage kommen würde, ihre geliebten Freizeitbeschäftigungen zu vernachlässigen, während es für ein Weibchen selbstverständlich ist, auf ihre Privatvergnügen zu verzichten, damit sie mehr Zeit für ihre Beziehung aufwenden kann. Unsere Wertigkeiten bestimmen, worauf wir besonders achten, was uns auffällt und was wir wegen subjektiver Unwichtigkeit direkt in den Vergessensspeicher wandern lassen.

Haben Sie schon einmal erlebt, dass Sie viel mehr glückliche Pärchen auf der Straße gesehen haben, wenn Sie selbst todunglücklich verliebt waren? Sind nicht auf einmal viel mehr Frauen in ihrer Umgebung schwanger, wenn Sie selbst schwanger sind oder sich ernsthaft mit Kinderwünschen beschäftigen? Wenn Sie gerade einen Fiat Punto gekauft haben, kommen Ihnen plötzlich viel mehr Fiat Punto entgegen und auch in der Zeitung finden Sie vermehrt Werbeanzeigen zu diesem Auto.

Sie können sich vorstellen, dass dies nicht an der tatsächlichen Häufung dieser Ereignisse liegt, sondern vielmehr daran, dass Sie Dinge, die für Sie im Leben eine größere Rolle spielen, viel stärker wahrnehmen.

Für Männchen sind Dinge wichtig wie: »Hubert hat sich ein neues Auto gekauft – toll, geht 240 km/h und hat 200 PS.« Das ist vermutlich auch das, was er Ihnen am Abend erzählen wird. Soziale Aktivitäten, wer wen getroffen hat, was wem passiert ist, fallen schlichtweg durch sein Aufmerksamkeitsraster und werden beim späteren Erzählen auch nicht mehr aktiv erinnert.

Wenn er vergisst zu erwähnen dass er seine Exfreundin getroffen hat, gibt es natürlich mehrere Möglichkeiten. Entweder er vergisst es wirklich, weil es unter »unwichtige soziale Aktivität fällt«. Das ist, wenn wirklich nichts mehr zwischen den beiden läuft, eine durchaus wahrscheinliche Variante.

Der zweite Grund des Verschweigens könnte natürlich auch sein, dass es für ihn unter »unwichtig« fällt, er sich aber daran erinnert, weil er weiß, dass diese Tatsache für sein Weibchen wichtig ist. Er erzählt es aber nicht, weil es für ihn eben unwichtig ist und er sich die Diskussion zu Hause ersparen will. Schließlich könnte er maximal mit einem kleinen bis mittelschweren Eifersuchtsanfall rechnen und das will er sich schlichtweg nicht antun.

52

Der dritte zwar unschöne, aber immerhin mögliche Grund: Es läuft noch etwas mit der Ex, sei es emotional oder auch körperlich. In diesem Falle geht es um ein tatsächliches Verschweigen eines von ihm so auch empfundenen Vergehens. In diesem Fall lesen Sie bitte im Kapitel »Eine sozial weniger anerkannte Fluchtform: der Seitensprung« oder »Wenn nichts mehr hilft – Ab wann es Zeit wird, Ihr Männchen in die Wüste zu schicken« nach.

Das Michel-von-Lönneberga-Syndrom
Abgesehen vom unterschiedlichen Wahrnehmungsmuster, das viele Männchen dazu bringt, Dinge zu vergessen, die für das Weibchen wichtig gewesen wären, gibt es auch noch die (für mich) charmanteste Lügenform bei Männchen, die so viele Frauen zur Weißglut bringt: das »Sich-Rausschwindeln«.

»Warum kann er nicht einfach die Wahrheit sagen?! Es tut ihm ja keiner etwas!« Es geht dabei um Kleinigkeiten. Kleine, unbeholfene Lügen, wer die Milch ausgetrunken hat, wann er heimgekommen ist, ob er sich nach der Arbeit noch mit männlichen Kollegen getroffen hat, wann er gedenkt heimzukommen (»Ich komme dann eh gleich!« – Ein Satz, der so mancher Frau noch Jahrzehnte später, wenn er schon brav zu Hause neben ihr Händchen haltend die Schwäne beobachtet, die Gänsehaut über den Rücken kriechen lässt) usw.

Es geht also im Prinzip nicht um tatsächliche, das Leben beeinflussende Lügen wie zu verschweigen, dass man fristlos entlassen wurde oder das Auto um einen Baum gewickelt hat, dass er sich mit einer anderen Frau trifft usw., sondern wirklich um so kleine Alltags-Schwindeleien, die wirklich keinerlei Sinn ergeben. Was steckt dahinter?

Gehen wir doch einmal davon aus, dass die meisten unserer Männchen irgendwann einmal so richtige Lausbuben waren. Was macht einen Lausbuben aus?

53

Denken Sie doch einmal an Michel von Lönneberga. Er fabriziert einen Streich nach dem anderen und versucht, sich dabei nicht erwischen zu lassen. Andererseits macht es aber nur halb so viel Spaß, wenn es keiner merkt und wenn nicht der Papa oder die Mama schimpfen und er seine »Strafe« im Schnitzschuppen abbüßen muss.

In seinem Hinterkopf hat er immer den Gedanken: »Irgendetwas habe ich gerade ausgefressen, und wenn sie mir jetzt nicht draufkommen, gibt es sicher noch eine andere Streichgeschichte, die noch unentdeckt ist. D. h. Michel ist ständig innerlich bereit, sich aus der Affäre zu ziehen, und wartet ständig darauf, dass sein Vater laut schreiend »Micheeeeeeeeel« den Hang hinunterläuft – und Michel begibt sich schon wieder brav in seinen Schnitzschuppen.

Auf die Frage »Hast du das gemacht?« kommt von Michel grundsätzlich ein »Nein«, auf die Frage »Wie viele Würste hast du gegessen?« kommt grundsätzlich ein unschuldiges »Gar keine«.

Diese Abstreit- oder Verniedlichungsantworten sind ihm in Fleisch und Blut übergegangen. Er denkt bei solchen Fragen gar nicht mehr nach, sondern sagt automatisch nur das Allernötigste, damit er möglichst wenig Stoff für ein weiteres Verhör liefert.

Was passiert mit Michel, wenn er erwachsen ist? Er ist es inzwischen so gewöhnt, nur Halbwahrheiten von sich zu geben, dass ihm das gar nicht mehr wie eine Lüge vorkommt. Wie viele Frauen kenne ich, die sich maßlos darüber ärgern, dass ihr Männchen sie immer und immer wieder »anlügt«.

»War's lustig mit den Freunden?«
»Ja, geht so.« (Glatte Lüge, sie hatten Riesenspaß und vor lauter Lachen Tränen in den Augen.)
»Wie viele Bier hast du getrunken?«

54

»Ein oder zwei.« *(Alte Männerweisheit: Gezählt wird immer nur das erste und das letzte.)*

Egal, ob das Weibchen die Frage verhörsmäßig stellt, weil das Thema Alkohol bereits ein Problem in der Beziehung ist, oder ob das Weibchen nur interessehalber fragt, weil sie ja sieht, wie er wankend zur Tür hereinkommt, und nur die Anzahl der Kopfwehtabletten ausrechnen möchte, die sie ihm am nächsten Morgen zum Alka Seltzer legen wird – die Antwort wird gleich bleiben: »Ein oder zwei Bier.« D. h. es geht im zweiteren Fall sicher nicht darum, dass er sich herausreden muss, wo er doch weiß, dass sein verständnisvolles Weibchen maximal belustigt sagen wird: »Aha, und wer war Sieger?«[3]

Nein, diese Form von Rausschwindeln ist der alte Lausbubenmechanismus und hat rein gar nichts damit zu tun, dass er etwas verheimlichen möchte.

Jeder Lausbub braucht seine kleinen Geheimnisse, etwas, das die Mama nicht wissen darf, sonst macht's keinen Spaß mehr. Auch wenn es ein noch so unerfreulicher Gedanke ist, ein bisschen von Mama hat jedes Weibchen für sein Männchen, also kein Wunder, dass er sich manchmal auch so ein bisschen wie ein Lausbub benimmt. Tun Sie ihm den Gefallen und tadeln Sie ihn manchmal liebevoll für seine »raffinierten Ausreden« und geben Sie ihm das Gefühl, dass er Sie so tolldreist hereingelegt hat.

Mit einem abgeklärten »Das hat doch schon sooooo einen Bart, lass dir doch mal was Neues einfallen!« nehmen Sie ihm seine Lausbubenstimmung, genauso wie wenn sie mit detektivischer Ernsthaftigkeit all seinen Lügen akribisch nachzugehen versuchen. Beides geht völlig am Lausbubenspiel vorbei und bauscht ein eigentlich unbedeutendes Vergehen

---

3 Synonym für »Wer hat am meisten getrunken?«

55

zu einem riesigen Problem auf. Wer ist dabei der Verlierer? Beide!

Die Wahrheit über das Lügen

Lügen Männer mehr als Frauen? Mit Sicherheit nicht absichtlich. Der einzige Unterschied ist: Wenn sie bewusst lügen, sind sie viel leichter zu durchschauen als Weibchen, weil sie sich viel zu wenig Gedanken darüber machen und sich ständig in Widersprüche verstricken.

Ob sie aus der Sicht des Weibchens mehr lügen? Möglicherweise ja. Wenn man die weibliche Messlatte der Wahrheit anlegt, sogar mit Sicherheit.

Aber was ist denn nun die Wahrheit? Im Prinzip ist das ganz ähnlich wie bei einer Zeugeneinvernahme. Jeder Polizist weiß, wenn sich mehrere Zeugen zu einig sind, wurde das Ganze vorher abgesprochen, denn im Normalfall erhält man von fünf verschiedenen Zeugen fünf unterschiedliche Beschreibungen von ein und demselben Vorfall. Das liegt an der völlig unterschiedlichen Wahrnehmung, die jeder von uns hat. Dies, noch gepaart mit unterschiedlicher Aufmerksamkeit und der Erfahrung, die später dazugekommen ist, macht im Prinzip unsere Erzählungen und Erinnerungen mit einem gut gemachten Walt-Disney-Film vergleichbar, aber keinesfalls mit der Realität.

Bei einem Unfall kann es durchaus passieren, dass z. B. alle Zeugen felsenfest überzeugt sind, der Verursacher sei bei Rot über die Ampel gefahren. Bei der Unfallortbegehung stellt sich dann jedoch heraus, dass auf dieser Kreuzung überhaupt keine Ampel steht. Haben deswegen alle gelogen? Nein! Wie oft haben Sie selbst schon gesagt: »Ich hab's gleich gewusst!«

Natürlich haben Sie es vorher nicht gewusst, aber wenn im Nachhinein die Ergebnisse bekannt sind, beginnt das Gehirn

56

ganz automatisch, die erlebten Ereignisse an dieses Ergebnis »anzupassen«. Ihnen fallen nur noch die Dinge ein, die auf dieses Ergebnis hingedeutet haben.

Vielleicht haben Sie es ja selbst schon einmal erlebt. Ein Traumpaar gibt bekannt, dass es sich scheiden lässt. Zuerst sind alle ganz erstaunt, bis sich dann die ersten Stimmen regen: »Ja, eigentlich hat das ja wirklich nie gut gehen können. Weißt du noch, damals, als er sie so komisch angeschaut hat? Damals hab ich mir schon gedacht, dass es doch nicht die wahre Liebe ist.« – »Ja, stimmt, und dann das mit seiner Mutter, die hat sich doch immer viel zu viel eingemischt« etc. Auf der goldenen Hochzeit genau dieses Paares würden dieselben Leute über diese Ehe folgende Aussagen von sich geben: »Ja, also ich wusste von Anfang an, dass die beiden sich gefunden haben. Alles hat so gut gepasst, die Mama von ihm war immer für sie da, und der Blick, mit dem sie sich immer angeschaut haben – einfach wie Verliebte.«

Was ich damit sagen will: Jeder hat seine eigene, subjektive Wahrnehmung, aber keiner von uns ist in der Lage, mit unseren bescheidenen sechs Sinnen die absolute Wahrheit (sofern es überhaupt eine gibt) zu erkennen. Sprechen Sie doch einmal mit einer Fledermaus über den Großglockner! Was für die Fledermaus ein Ultraschallbild darstellt, ist für Sie ein schöner Berg mit Wiesen und Steinen, für wieder jemand anderen eine sportliche Herausforderung mit gewissen Höhenmetern und einer zu erreichenden Bezwingzeit mit dem Rad.

Wenn mir ein Paar von seinen Problemen erzählt, fällt mir diese unterschiedliche Wahrnehmung besonders stark auf. Man könnte fast meinen, die beiden leben nicht nur in getrennten Haushalten, sondern er in Dschibuti und sie in Alaska. Mehr noch, man könnte glauben, die beiden wären sich noch nie begegnet, so unterschiedlich schildern sie ein und dieselbe Situation, die sie gemeinsam erlebt haben.

Denken Sie an Karla und Fritz. Ist Karla wirklich schon so geladen, wenn sie heimkommt, dass Fritz nur noch das Weite suchen kann, oder ist Fritz derjenige, der durch sein Verhalten Karlas Stimmung so nach unten treibt, dass es schließlich zum Streit kommt? Im Prinzip beides. Aber um das herauszufinden, muss man schon beide getrennt voneinander befragen!

Der Beginn der Abwertungsspirale: das erste Nörgeln

Angesichts des Anerkennungsbedürfnisses unserer Männchen kann man sich wohl vorstellen, wie jede Art von Kritik, Nörgeln oder Vorwürfen auf unsere Männchen wirkt. Wenn ein Paar bereits begonnen hat, sich gegenseitig mit Abwertungen zu quälen, sind die Schritte, um aus der Negativspirale auszusteigen, sicherlich etwas schwieriger und werden weiter unten beschrieben.

Wenn Sie sich in der glücklichen Lage befinden, von Ihrem Männchen noch auf Händen getragen zu werden, und sich nur hin und wieder wundern, wieso Ihr Männchen plötzlich Dinge bemängelt, die er vor zwei Wochen noch großartig an Ihnen gefunden hat, kann Ihnen vielleicht die folgende Geschichte einige Fragen beantworten.

Helene ist seit eineinhalb Jahren mit Peter zusammen, beide leben in getrennten Wohnungen. Peter trägt Helene auf Händen, noch nie ist ein böses Wort zwischen den beiden gesprochen worden. Peter ist dabei, seine Wohnung zu wechseln, und wird von Helene tatkräftig unterstützt. Der Streit beginnt nun in den Möbelhäusern, als Helene auffällt, wie unterschiedlich ihr Geschmack eigentlich ist bzw. wie schrecklich sie Peters Geschmack findet. Sie beginnt, vorsichtige Einwände gegen die von Peter bevorzugten Möbelstücke einzu-

58

legen. Da er davon kaum Notiz zu nehmen scheint, wird sie in ihren Hinweisen vehementer.

Die Stimmung zwischen beiden spannt sich an und erreicht ihren Gipfel, als Peter einen neuen Luster montiert und strahlend vor Stolz seine Holde fragt, wie ihr das Prachtstück denn gefiele. Auf ihr zurückhaltendes »Naja, es hält sich in Grenzen« reagiert er mit Schweigen.

Helene fällt allmählich auf, dass Peter beginnt, an ihr herumzunörgeln. Er beginnt sie anzutreiben, wenn sie im Bad ist und sie gemeinsam ausgehen wollen. Wenn sie etwas einkauft, passt ihm plötzlich dies und jenes nicht.

Ziemlich verunsichert holt Helene meinen Rat ein. Im Gespräch wird der zeitliche Zusammenhang zwischen Wohnungseinrichten und Peters Nörgelei sehr schnell deutlich und Helene wird sich ihrer kritischen Haltung beim Wohnungseinrichten ihm gegenüber bewusst. Vielleicht sagen Sie jetzt: »Aber wenn es ihr nicht gefällt, muss sie es doch sagen! Soll sie sich denn alles gefallen lassen und ihn nur noch grinsend loben, egal was er tut?« Nein, keine Angst meine Damen! Es geht nicht darum, Sie zu willenlosen Groupies Ihrer Männchen umzuerziehen, ganz im Gegenteil! Aber lesen Sie die Geschichte von Helene und Peter doch weiter!

Ein Experiment bestätigt ihre Vermutung. Peter hatte einen Spiegel frisch aufgehängt und sie äußerte sich dazu mit den Worten: »Toll, der passt hier aber ganz genau hin!«, was zwar gelogen, aber sehr zweckdienlich war.

Die prompte Antwort Peters bestärkte sie in ihrem Verdacht, dass sein männliches Heldengefühl durch ihre ständigen Bemängelungen seines Geschmacks angeknackst worden war, denn er meinte dazu süffisant: »Ach was, seit wann mach ich denn etwas in dieser Wohnung richtig?«

Schwer getroffen von der dramatischen Wirkung ihrer doch so leichtfertig ausgesprochenen kritischen Äußerungen sprach sie das Thema an und entschuldigte sich bei Peter für ihre unbedachte mangelnde Wertschätzung. Tatsächlich hatte sie mit ihrem permanenten Nörgeln ihm seine ganze Freude an der Wohnungseinrichtung verdorben. Sie vereinbarten, dass in Zukunft Peters Wort gilt, war es ja schließlich seine Wohnung.

Nach und nach konnte sich das ins Wanken geratene Verhältnis wieder ausgleichen. Helene mischte sich nicht mehr in seine Wohnungseinrichtung ein bzw. bemühte sich für ihre Vorschläge um einen konstruktiven und wertschätzenden Ton und Peter fand keine Kritikpunkte mehr an Helene.

An dieser Geschichte ist erkennbar, wie erstaunlich sensibel ein Beziehungsgefüge sein kann und wie wichtig es ist, hin und wieder Resümee zu ziehen und zu überlegen, worum es gerade geht. Hätte Helene dies nicht getan, hätte sie auf Peters beginnende Kritiklust beleidigt reagiert. Sie wäre zickig geworden und hätte im Gegenzug Peter verstärkt kritisiert, und er wäre noch beleidigender geworden. Die Situation hätte sich möglicherweise in eine gewaltige Beziehungskrise auswachsen können, in der nach einem halben Jahr keiner mehr hätte sagen können, wie es eigentlich begonnen hat, geschweige denn, was da eigentlich los ist.

Dies erklärt auch einen Teil des Phänomens, warum sich Paare so oft unmittelbar nach Fertigstellung des gemeinsam errichteten Hauses scheiden lassen. Schließlich geht es hier darum, unterschiedliche Geschmäcker und Ideen für ein gemeinsames Heim unter einen Hut zu bringen. Nach vielen harten Arbeitstagen, wenn die Nerven bereits blank liegen und die gegenseitige Spirale der Abwertung bereits begonnen hat, ist es relativ schwer, gelassen zu sagen: »Schatz, ich bewundere deinen Mut, die violetten Vorhänge in den Raum mit der türkisen Couch zu hängen. Möchtest du vielleicht sehen, welche Wirkung die gelben Vorhänge in diesem Zimmer haben?« Da kann einem schon einmal ein »Spinnst du, das sieht ja grässlich aus« herausrutschen.

Vielfach höre ich in meinen Paarberatungen dann oft nur noch den Vorwurf von ihr: »Er respektiert mich nicht und macht mich ständig herunter.« Und von ihm: »Sie respektiert mich nicht und kritisiert mich ständig.« Was steckt dahinter? Natürlich, beide haben den Wunsch, anerkannt und vom anderen als wertvoll erachtet zu werden. Schließlich gibt es ja nicht nur den kleinen Jungen, der gelobt, sondern auch das kleine Mädchen, das geliebt und wie eine Prinzessin behandelt werden möchte.

Dieses kleine Mädchen in Ihnen ist natürlich genauso wichtig wie der kleine Junge in Ihrem Männchen! Da dies ein Ratgeber für Frauen ist, werde ich Ihnen vorzugsweise erklären, wie Sie Ihr Männchen so weit bringen, dass er Ihren »Prinzessinnenbedürfnissen« nachkommen kann. Und ich bin sicher, mit etwas Raffinesse, Diplomatie und Wertschätzung können Sie genau das erreichen, was Sie wollen, nämlich sich durchzusetzen, und darüber hinaus noch viel mehr – nämlich seine Bereitschaft, SIE wie eine Prinzessin zu behandeln!

**Warum es Weibchen oft so schwer fällt,
ihre Männchen zu loben**

Es gibt inzwischen unzählige Literatur zum Thema »Positives Denken« in allen Variationen und Formen. Dies legt den Schluss nahe, dass es für Menschen (auch für männliche!) nicht selbstverständlich ist, Positives zu sehen, geschweige denn anzuerkennen. Viel einfacher ist es, Fehler zu kritisieren, als das zu schätzen, was gut ist.

Stellen Sie sich eine Tageszeitung mit der Schlagzeile vor: »Heute sind in Österreich 4,5 Millionen Autofahrer unfallfrei an ihrem Arbeitsplatz angelangt« oder »In 99,9 % aller österreichischen Haushalte konnte heute fließendes Wasser verzeichnet werden«. Keiner würde es lesen, es sei denn, es würde auf die 0,1 % mit dem Wasserrohrbruch näher eingegangen.

Worüber unterhalten sich Leute in der Pause nach einem atemberaubenden, fantastischen Konzert? Über die eine Stelle, an der der Geiger um eine Nuance zu spät eingesetzt hat oder die Sopranistin den höchsten Ton nicht 100 % geschafft hat.

Kommen wir noch einmal auf Helene zurück, die Peter mit ihren Vorstellungen, wie eine Wohnung einzurichten sei, die ganze Freude bei seiner Wohnungseinrichtung verdorben hat. Das Beste daran ist nämlich, dass Helene gemerkt hat, dass es nicht einmal ihre eigenen Kritikpunkte waren, die sie so zwanghaft äußern musste, denn sie selbst hatte nicht die geringste Ahnung von Wohnungseinrichtung. Ihre eigene Unsicherheit war es, die es ihr nicht erlaubte, neue Wege zu gehen, und daher musste die Einrichtung den neuesten Einrichtungsmagazinen entsprechen. Es war also nicht einmal eine echte Geschmacksfrage, sondern die Auswirkung der »Regeltreue« von Helene.

Meiner Erfahrung nach passieren sehr viele Kritikpunkte, die Frauen an ihren Männern äußern, weniger aus eigener, tiefer Überzeugung, sondern vielmehr werden alte Familienmuster erneuert. Die Mama, der Papa wäre dagegen, also muss ich meinen Partner daran hindern (so viel Geld auszugeben, so unbekümmert zu sein, so schlampig zu sein etc.). Seltsamerweise haben wir uns aber unsere Partner vielleicht gerade deswegen ausgesucht, weil sie anders sind, als das, was wir von zu Hause kennen. Eine Eigenschaft, die wir nicht selber ausleben dürfen, zieht uns an, wir verlieben uns genau in denjenigen, der sich »traut«, das zu tun, was bei uns von klein auf unterbunden wurde. Und dann, wenn die erste Verliebtheit weg ist, wird dem Partner der Vorwurf gemacht, dass er anders ist als wir.

62

Sie sehen, ein Teufelskreis, der nicht selten einer genaueren, professionellen Betrachtung bedarf, um dem wahren Thema auf den Grund zu kommen.

Bevor Sie ansetzen, Ihr Männchen zu kritisieren, stellen Sie sich zuerst folgende Frage: Ist mir diese Sache wirklich so viel wert, dass ich den kleinen Jungen, der nach wie vor in meinem Männchen steckt, so sehr kränken möchte?

Wenn es sich um eine Kleinigkeit handelt, verkneifen Sie sich die Kritik. Überlegen Sie sich lieber, was oder wie Sie es stattdessen haben möchten, und formulieren Sie das Ganze als Wunsch! Probieren Sie es einmal! Was glauben Sie, kommt besser an?

»Du kümmerst dich überhaupt nicht um den Haushalt! Alles bleibt an mir hängen! Dir fällt ja nicht einmal auf, wenn etwas kaputt ist!« oder »Schatz, du würdest mir so eine Freude machen, wenn du mal nach dem kaputten Schalter schauen könntest!« Und schon kann Ihr kleiner Ritter wieder loslaufen und Ihnen die Sterne vom Himmel holen!

Ein putzwütiges Weibchen und die Ermordung der Harmonie

Wenn Sie sich an das ausgeprägte männliche Ruhebedürfnis erinnern, ist Folgendes vollkommen klar: Eine besonders subtile Form, seinem Männchen sein gemütliches Zuhause zu vergraulen, sind Putzattacken. Am besten direkt neben ihm und noch lieber mit lautem Staubsauger, wenn er gerade den Fernseher eingeschaltet hat oder auf der Couch eingeschlafen ist.

Ich frage mich immer, was Frauen dazu verleitet, ausgerechnet dann zu putzen, wenn das Männchen nach Hause gekommen ist oder Zeit zu Hause verbringt, und unterstelle

Frauen in manchen Fällen eine hintergründige Botschaft, die sie dem Männchen damit vermitteln wollen.

Die Aussagen sind vielfältig und reichen von Vorwürfen wie »Während du faul herumliegst, rackere ich mich ab« oder »Schau, was du schon wieder für einen Mist gemacht hast, und ich kann hinter dir herräumen« bis zur Vermittlung von grundlegenden Wertvorstellungen wie »Erst die Arbeit, dann das Vergnügen« oder »Wer rastet, der rostet« etc. Aber auch unbewusste Demonstrationen wie »Schau her, was ich für ein tolles, fleißiges Weibchen bin« können der Hintergrund für diesen unangebrachten Aktivismus sein.

Silvia und Hans haben eine glückliche Beziehung. Beide arbeiten gerne und viel, nur verfügt Hans im Gegensatz zu Silvia über die tolle Eigenschaft, einfach ausspannen zu können. Seltsamerweise kann Silvia das auch, aber nur, wenn Hans nicht zu Hause ist. Dann kann sie ruhig von der Arbeit heimkommen, sich einfach auf die Couch legen, tief durchatmen und es genießen, einfach nichts zu tun.

Aber wehe, Hans kommt heim. Sofort befiehlt ihr eine innere Stimme, etwas zu tun. Hans legt sich auf die Couch, und anstatt sich zu ihm zu kuscheln oder einfach liegen zu bleiben und gemeinsam die Ruhe zu genießen, schießt sie von einer Ecke zur anderen, putzt, wischt, räumt auf und erledigt »dringende Sachen«, wie leere Glasflaschen geräuschvoll nach unten zu tragen.

Dreimal dürfen Sie raten, was Hans in diesem Moment lieber wäre: ein herumdüsender Blitz, der die Wohnung blitzblank wienert, oder eine kuschelige, anschmiegsame Partnerin, die sich liebevoll zu ihm legt oder auch einfach nur ein Buch liest und RUHE gibt!

Wenn man Silvia fragt, warum sie diese Zeit der Stille nicht auch nutzen kann, zuckt sie mit den Schultern, denn eigentlich würde sie die Entspannung ja genauso brauchen wie Hans.

64

Elisabeth zeigt diesbezüglich ein besonders gefinkeltes Verhalten. Es ist Samstag. Die Woche war anstrengend, sie hat sich Ruhe und Entspannung wirklich »verdient«. Brav steht sie mit ihrem Männchen Kurt um 8 Uhr früh auf, denn dieser muss noch etwas erledigen. Sie leistet ihm Gesellschaft, bis er aus dem Haus ist, winkt ihm nach und – kuschelt sich danach wieder in das wohlig weiche Bett. Eine Wonne, zu spüren, wie schön diese herrliche Entspannung langsam durch den ganzen Körper wandert. Punkt 11.30 Uhr läutet der Wecker, den sie extra gestellt hat, weil sie weiß, dass Kurt um 11.45 Uhr zu Hause sein wird. Elisabeth steht auf, richtet sich im Badezimmer zusammen und beginnt, in der Küche irgendetwas zu arbeiten. Als Kurt heimkommt, sieht er eine fleißige, beschäftigte Frau, die ihn liebevoll begrüßt.

Natürlich haben Sie recht, wenn Sie jetzt sagen, ja, aber wieso, Elisabeth hat es sich doch vollkommen verdient, sich ein paar Stunden Ruhe zu gönnen – ja, da stimme ich Ihnen vollkommen zu, WENN Elisabeth Kurt am Nachmittag das gleiche Recht einräumt!

Denn vormittags zu schlafen und ihm dann nachmittags mit sinnlosen Putzarbeiten auf den Geist zu gehen, obwohl er sich das Ländermatch in Ruhe ansehen will – das ist ja dann wohl ein bisschen unfair, oder? Schließlich hat er nur das Wohnzimmer als Ruheort, und wenn der permanent von fleißigen Geistern gestört wird, ist es aus mit der Ruhe. Wundern Sie sich dann nicht, wenn der neue Fernseher vom Nachbarn so viel toller ist und er seine Samstagnachmittage außer Haus verbringt!

Warum ist es nun für viele Frauen so schwierig, neben ihrem Männchen Ruhe zu geben? Selten passiert ja so ein Verhalten bewusst, um das Männchen zu quälen. Wenn Silvia und Elisabeth genauer überlegen, werden sie sich erinnern, dass es bei ihnen zu Hause nicht möglich war, einfach einmal auszuspannen. Sobald sie es sich als Kind oder Teenager gemütlich gemacht haben, kam irgendjemand – sei es Vater, Mutter, Großeltern, ältere Geschwister – und fragte, ob sie denn nichts zu tun hätten.

Diese Erfahrung teilen sie mit vielen anderen, denn Entspannung und Stille als Gesundheitsfaktor sind ja erst in den letzten Jahren populär geworden. Früher hielt man es mit dem Motto »Wer rastet, der rostet« und so manch einer von uns hat diese Lebensweisheit bis in die Knochen verinnerlicht, auch wenn inzwischen Aussagen wie »In der Ruhe liegt die Kraft« genauso viel Bedeutung erlangt haben.

Ich möchte jetzt keinen dieser Glaubenssätze bewerten, sondern nur aufzeigen, dass wir oft unbewusst frühere Glaubenssätze mit uns herumschleppen, die uns zu Handlungen zwingen, die in der Gegenwart nicht mehr zielführend sind. Und wenn auch Sie eines der rastlosen Weibchen sind, die nur unbeobachtet relaxen können – fragen Sie sich doch einmal, wer Ihnen heute noch einen Vorwurf machen würde, wenn Sie einmal kollektives »Nichtstun« zu Hause, gemeinsam mit Ihrem Männchen oder auch der ganzen Familie, genießen würden!

Woran denkst du? Was machst du gerade?

Eine sehr beliebte Frage von Weibchen ist: »Woran denkst du gerade?« Wenn Sie dann die Antwort bekommen: »Daran, wie sehr ich dich liebe«, dürfen Sie sich freuen, weil Ihr Männchen offenbar einen »Wie behandle ich Frauen«-Ratgeber gelesen hat. Die ehrliche Antwort wäre wohl eher: »Ich hab keine Ahnung«, »Ich denke gerade an die Beine der tollen Mietze an der Kassa vorhin«, »Ich überlege mir gerade, wie ich die eine oder andere berufliche Situation lösen kann«.

Die meisten Männchen sind »Denktypen«: Diese unterscheiden sich von »Beziehungstypen« ganz grundlegend in der

66

Art der Themenwahl. Sie überlegen sich Strategien, denken an Sex oder dass es sie am Rücken juckt, aber nur sehr selten an Beziehungen oder das Gefühlsleben anderer Menschen. Seien Sie also nicht beleidigt, wenn er nicht immer daran denkt, wie sehr er Sie liebt oder was ihm an Ihnen gefällt. Dieses Denkschema haben die meisten Männer schlichtweg nicht in ihrem Programm!

Ähnlich verhält es sich mit dem Anrufverhalten von Männchen und Weibchen. Die meisten Weibchen denken sehr häufig an ihre Männchen und fühlen sich unglaublich wohl, wenn sie sich in Gedanken ausmalen können, was ihr Männchen gerade macht. Besonders wenn das Weibchen mit Dingen beschäftigt ist, die ihre intellektuelle Kapazität nicht sonderlich beanspruchen, fällt ihr häufig ein, ihr Männchen »einfach so« mal anzurufen.

Einstieg in das Telefonat ist dann sehr häufig die unverbindlich gemeinte Frage »Hallo, ich bin's, was machst du denn gerade?«, »Wo bist du?« o. Ä., die das Weibchen mit keinerlei Kontrollthema in Verbindung setzen würde. Besonders beliebt ist die Frage »Wann kommst du nach Hause«, die seitens des Weibchens durchaus berechtigt ist, denn schließlich möchte sie sich ja mit ihrem Zeitplan oder der Zubereitung des Abendmahles mit ihrem Männchen abstimmen.

Mit Blick auf das Lönneberga-Syndrom ist es allerdings kein Wunder, wenn das Männchen sich bei derartigen Fragen ertappt fühlt, auch wenn es gar keinen Grund dafür gibt. Ich erinnere: Irgendetwas haben unsere Pappenheimer immer zu verheimlichen und irgendwie passiert es ihnen immer wieder, dass sie sich gerade nicht dort befinden, wo ihr Weibchen sie aufgrund eigener, unbedacht ausgesprochener Informationen vermuten würde.

Und sofort schleicht sich im Männchen dieses beklemmende Gefühl der Kontrolle ein. Ich betone, das hat nichts damit zu tun, dass sie tatsächlich etwas Schlimmes gemacht hätten, aber die Frage »Was machst du gerade?« birgt für Männchen Risiken. Denn wenn sie die Wahrheit sagen, kann es sein, dass es mit einer Angabe, die sie früher gemacht haben, nicht übereinstimmt, und das bedeutet Ärger.

Männchen denken zwar häufig an Sex, laut Statistik sogar alle sechs Sekunden, haben dabei aber selten den Tagesplan ihres Weibchens im Kopf, weil sie ja mit so vielen anderen Dingen beschäftigt sind. Dementsprechend selten wird er seine Partnerin tagsüber anrufen, weil er schlichtweg während seiner Tagesaktivitäten nicht daran denkt, was sie gerade macht. Anrufe kommen meist wegen der Bitte, dass sie etwas mit nach Hause nehmen solle, oder anderer praktischer Dinge.

Vielleicht können Sie sich besser in diese männliche Ansicht über das Angerufenwerden einfühlen, wenn Sie das folgende lustige Phänomen bereits selbst erlebt haben. Wenn das Männchen krank ist oder auf andere Art und Weise mit ungewolltem Nichtstun beschäftigt ist, dreht sich der Spieß nämlich paradoxerweise um!

Viele Weibchen werden dabei fast krank, weil sie stündlich mit Anrufen ihres zur Passivität gezwungenen Göttergatten gequält werden. Plötzlich wird es vom Männchen auch gar nicht mehr kontrollierend, sondern ganz selbstverständlich empfunden, sich über den Verbleib seiner Holden durch Fragen in Form von »Was machst du gerade?«, »Wann kommst du nach Hause?« usw. zu erkundigen.

Die Erinnerung an die Unschuld dieser Fragen verblasst allerdings radikal, wenn das Männchen wieder auf der Pirsch ist und seine Drachen töten kann – da kann es mit störenden Anrufen und quälenden Fragen dann plötzlich nichts mehr anfangen.

68

Wie Männchen auf nicht-artgerechte Haltung reagieren

Entwertung bei zu wenig Wertschätzung

Jeder Mensch braucht das Gefühl, anerkannt und geschätzt zu werden. In der ersten Phase der Verliebtheit überschlägt man sich vor lauter Bewunderung dem anderen gegenüber. Diese gegenseitige Überschätzung kann leicht umschlagen, und dann beginnt dieses Gleichgewicht der gegenseitigen Wertschätzung allmählich und unbemerkt zu kippen, wie man bei Helene und Peter punkto Wohnungseinrichtung sehen konnte.

Manchmal kann dies geschehen, wenn das Weibchen den bösen Fehler begangen hat, in irgendeiner Weise »besser« zu sein als das Männchen. Besonders bitter für unsere kleinen Helden ist es, von ihren Weibchen beruflich, finanziell oder intellektuell überrundet zu werden. Die Hintergründe dafür habe ich im Kapitel »Die Grundbedürfnisse von Männchen« ausführlich beschrieben.

Um die Minderwertigkeitsgefühle auszugleichen, die meistens entstehen, wenn die Frau jede Diskussion gewinnt, sie mehr Geld heimbringt oder einfach eine erfolgreichere berufliche Laufbahn einschlägt, muss die »mächtige« Frau entwertet werden, koste es, was es wolle.

Dabei ist es eine höchst effektive Methode, sein Weibchen nach allen Methoden der Kunst in seinem Selbstbewusstsein zu untergraben. Ausgezeichnete Angriffsflächen bieten in diesem Falle die klassischen Minderwertigkeitszonen der Weibchen: Figur, Aussehen, Kleidung, Umgang, Freundinnen, Kochkünste, Hausarbeit, Kindererziehung etc. Ist das Weib-

69

chen erfolgreicher als das Männchen, beginnt er ihr ans Bein zu pinkeln.

In solchen Fällen ist der einzige Fehler, den Sie machen, dass Sie so sind, wie Sie sind, und daher ist es auch sehr schwer, dieses Ungleichgewicht auszugleichen. Dennoch haben Sie gewisse Möglichkeiten, Ihrem Männchen das verloren gegangene Heldengefühl zurückzugeben.

Ganz wichtig – betonen Sie nicht Ihre Erfolge und damit seine Nichterfolge! Nicht umsonst gibt es das Sprichwort: Hinter jedem erfolgreichen Mann steht eine starke Frau und hinter jeder erfolgreichen Frau steht mindestens ein Mann, der dies verhindern will.

Wenn Sie mehr verdienen, kommen Sie einfach für das meiste auf, aber lassen Sie es zu, dass er auch etwas dazu beiträgt, auch wenn es weniger ist. Es gibt nur wenige Männchen, die es genießen, ausgehalten zu werden, hingegen beginnen die meisten bald darunter zu leiden, weil ihr männliches Konzept des Familienerhalters empfindlich gestört wird.

Wenn Sie eine höhere Ausbildung haben, vermeiden Sie Fremdwörter und unterhalten Sie sich mit Ihrem Männchen über Themen, bei denen er gut mitreden kann. Ein Arzt kommt ja auch kaum heim und erzählt seiner liebenden Kindergärtnerinnenfrau über die Komplexität des dreifachen Bypasses. Stattdessen lobt er ihr Essen und freut sich, dass sie so ein schönes Heim für ihn bereitet hat.

Es ist kein Zufall, dass Beziehungen, in denen die Frau über höheres Ansehen, Einkommen oder Bildung verfügt, schneller in die Brüche gehen. Wenn Sie also merken, dass es Ihnen nicht gelingt, sich neben Ihrem unterlegenen Männchen so klein zu machen, dass er seine Hoden wieder spüren kann, und er Sie weiterhin ständig heruntermacht, nur um seine Männlichkeit zu demonstrieren, versuchen Sie es lieber doch mit einem adäquaten Ersatz!

70

Natürlich funktioniert das Entwertungsspiel auch nach denselben Regeln, wenn Weibchen, die nicht den Makel der Überlegenheit in eine Beziehung einbringen, einfach so, aus heiterem Himmel heraus, beginnen, am Männchen herumzunörgeln. Wenn Sie sich an das Unterkapitel »Und das Wichtigste: Lob Lob Lob!!!« erinnern, können sie schnell nachvollziehen, was sich das Männchen alles einfallen lässt, wenn die Bewunderung seines Heldentums nicht in entsprechender Form erfolgt!

Kommen wir wieder zu dem kleinen Knaben zurück, der mit seiner Zeichnung seine Mutter erfreuen wollte und statt Lob Schimpfe bekommen hat. Was wird der Kleine tun, wenn er sich von der ersten Enttäuschung erholt hat? Er geht hinaus und wirft der Nachbarskatze einen Stein nach, quält seine kleinen Geschwister, zerstört irgendetwas. Er lässt seine durch diese Frustration entstandenen Aggressionen an irgendetwas anderem aus.

Also wundern Sie sich bitte nicht, wenn Ihr Männchen aus heiterem Himmel beginnt, Ihren Hund oder Ihre Kinder zu traktieren oder an völlig anderer Stelle an Ihnen herumzunörgeln. Dies sind alles Reaktionen des kleinen, enttäuschten Jungen, der eigentlich gelobt werden wollte. Sie können sich vorstellen, wie schnell das Ganze in einen Machtkampf ausartet: Wenn du von mir willst, dass ich im Sitzen pinkle, schmeckt mir dein Essen einfach nicht mehr. Wenn es dir nicht passt, dass ich meine alten Pullover anziehe, fallen mir auf einmal deine Cellulitis-Wölkchen auf.

Sie werden rasch merken, wie sich die Spirale der Entwertung in die entgegengesetzte Richtung bewegt, sobald Sie aus diesem Muster aussteigen und beginnen, Ihrem Männchen die ach so heiß ersehnte Anerkennung und Wertschätzung zu geben. Wenn dem nicht so ist und Ihr Männchen sich Ihnen gegenüber nur noch respektlos und abwertend verhält, egal was Sie tun, sollten Sie darüber nachdenken, ob dies wirklich die Art ist, wie Sie behandelt werden wollen. Männer, die den Respekt vor ihrer Frau verloren haben, bleiben aus vielen Gründen in der Beziehung, aber sehr selten wegen ihrer aufrichtigen Liebe zu ihrer Partnerin. Überprüfen Sie, was diese Beziehung noch wert ist und ob es noch einen Weg gibt, etwas zu retten. Ansonsten finden Sie vielleicht im Kapitel »Wenn nichts mehr hilft – Ab wann es Zeit wird, Ihr Männchen in die Wüste zu schicken« einige Anregungen.

Sozial anerkannte Fluchtformen der Männchen: Sport, Arbeit, Hobbys, PC und Konsorten

Wie schon erwähnt, haben Männchen im Gespräch häufig die schlechteren Karten, und außerdem wollen sie hin und wieder einfach nur ihre Ruhe haben. Diesen Wunsch können sie anfangs auch sehr gut ausdrücken und wie oft haben Sie es schon gehört: »Ich will einfach nur meine Ruhe haben!«

Wenn Sie diese Bitte Ihres Männchens ignoriert haben und mit Ihren Forderungen, Vorwürfen, Nörgeleien etc. weitergemacht haben, gehe ich davon aus, dass das Ganze entweder im Streit geendet oder Ihr Männchen in irgendeiner Form die Flucht ergriffen hat.

Männchen sind auch extrem bequemlichkeitsliebend und suchen sich gerne den Weg des geringsten Widerstandes. Nur wenige Männchen haben die Stärke und sagen: »Wenn du weiter an meinen Kumpels herummeckerst, komme ich morgen erst recht nicht heim.« Das wäre offener Kampf und das Weibchen könnte darauf reagieren – man könnte streiten, die Sache besprechen, wie auch immer. Ein Männchen mit derartigen Konfliktqualitäten muss entweder schon sehr genervt sein (Achtung: Der Sprung zum »Du bist mir vollkommen egal«

72

ist dann oft nicht mehr weit) oder aber er hat tatsächlich den Mumm, um Dinge mit seinem Weibchen zu besprechen und einen Konflikt durchzustehen.

Wie gesagt: Das ist die Ausnahme! Es bieten sich doch so viele andere Dinge an, die es dem Männchen erlauben, sich wort- und konfliktlos aus der Affäre zu ziehen. Das klassische männliche Fluchtverhalten beginnt beim vom »einfachen Weggehen«, wenn ein Streit im Anflug ist, und kann leicht chronisch werden und zum »Dauerfluchtverhalten« ausarten. Sie erkennen dies in dem Moment, wenn Ihr Männchen plötzlich um etliche Stunden länger arbeiten muss, ein intensives Hobby beginnt, immer häufiger seine Stammtischrunden wahrnimmt etc.

Achtung! Ich spreche hier von einem Verhalten, das sich stetig verändert. Wenn Sie einen Workaholic geheiratet haben oder einen Motor-Sport-Halb-Profi, der sowieso jeden Sonntag auf der Rennstrecke steht, sind das seine normalen Vorlieben.

Die Alarmglocken sollten schlagen, wenn Sie ein Männchen haben, dass zu Beginn liebend gerne seine Zeit mit Ihnen verbracht hat und dann »ohne etwas dafür zu können« leider immer wieder durch andere Beschäftigungen daran gehindert wird (muss noch was im Büro erledigen, Sport betreiben, Freunde treffen, stummes Fernsehen, Rückzug in ein Zimmer mit geschlossener Tür etc.).

Aber glauben Sie nicht, dass es sich immer um so offensichtliche Hintergrundthemen handelt wie ein nörgelndes Weibchen. Nein! Männchen beginnen mit ihrem Fluchtverhalten schon längst, bevor Sie überhaupt nur merken, dass ihnen etwas nicht passt!

Grete und Max sind seit sieben Jahren ein Paar, seit fünf Jahren leben sie zusammen. Ihre kleine Tochter ist jetzt drei Jahre alt. Ein ganz süßer Engel, den Max unglaublich liebt.

73

Nie würde er zugeben, dass es irgendetwas geben könnte, das ihn an seinem so geschätzten und wertvollen Zuhause stört! Dennoch ist es so, dass Max – so wie viele Männer – vor der Geburt der kleinen Marie eine Gewohnheit hatte, die er sehr liebte: Seine Sonntagnachmittage verbrachte er entweder gemütlich vor dem Fernseher oder ein Buch lesend, sprich, mit herrlichem »Nichtstun«.

Nun ja, die Weibchen unter Ihnen, die bereits Mütter sind, werden jetzt schmunzeln, wissend, dass diese herrlichen Zeiten der Ruhe und Entspannung mit der Geburt der kleinen Marie für die nächsten zehn bis fünfzehn Jahre endgültig vorbei sind. Max wusste das natürlich nicht und er dachte auch nicht großartig darüber nach. Natürlich war er am Anfang begeistert, beobachtete jede Bewegung des kleinen, süßen Wonneproppens und beteiligte sich aktiv an der Babypflege.

Nach drei Jahren sieht die Welt allerdings schon anders aus – der Alltag ist wieder da. Die geliebte Marie gehört inzwischen zum unverzichtbaren »Inventar«, die alten Bedürfnisse von Max melden sich wieder.

Grete ist eine liebevolle Mutter und bindet Max seit der Schwangerschaft in alle Prozesse mit ein; und was ist aus der Sicht der Mutter nachvollziehbarer, als das Männchen anzuregen, sich mit dem Kind zu beschäftigen, wenn er nach einer langen Arbeitswoche endlich einmal einen ganzen Nachmittag lang zu Hause ist? Natürlich ist Grete auch berufstätig, schaukelt während der ganzen Woche den Haushalt und das Kind und ist froh, wenn Max ihr wenigstens den Sonntagnachmittag abnimmt, sodass sie einmal rasten kann.

Haha – aber nicht mit unserem fluchtverständigen Männchen! Max beginnt ganz langsam und unauffällig mit seinem neuen Hobby, dem Sporteln. Schließlich wird man nicht jünger und man muss sich doch fit halten. Zuerst trainiert er nur Montag, Donnerstag und Sonntag eine Stunde Ausdauertraining. Natürlich ist Max ein ehrgeiziges Männchen, sonst wäre er beruflich ja auch nicht so erfolgreich. Aus der einen Stunde werden bald zwei und nach wenigen Monaten ist es gang und gäbe, dass Max am Sonntag von 14 bis 17 Uhr intensiv Sport betreibt. Saunagang und Massieren kommen natürlich noch dazu.

Grete ist nicht sonderlich begeistert, aber man kann ja seinem Männchen nicht den Sport verbieten, oder? Natürlich nicht – hätte auch nicht viel Sinn, denn wenn sie das tun würde, hätte er bald eine neue Ausrede parat, die ihn davon abhalten würde, seine wohlverdienten Ruhepausen damit unterbrechen zu müssen, mit seiner Tochter stundenlang zu spielen.

Verstehen Sie mich jetzt bitte nicht falsch! Natürlich beschäftigt sich Max gerne mit seiner Tochter. Aktivitäten bis zu einer Stunde sind überhaupt kein Problem. Ausfahrten, bei denen Marie ihn begleitet, er aber seinen »Männertätigkeiten« wie zum Baumax gehen, Freunde treffen etc. nachkommen kann, gehen über weit größere Zeiträume. Aber es ist für viele Männer schlichtweg anstrengend, sich über Stunden hinweg ausschließlich mit ihrem Kind zu beschäftigen, wenn dies zu Lasten ihrer normalen Ruhephasen oder anderer geliebter Tätigkeiten geht. (Das gilt natürlich auch für Frauen, aber die haben mehr Pflichtbewusstsein.)

Das Einschleichen des Fluchtverhaltens geschieht so subtil, dass es weder das Männchen noch das Weibchen rechtzeitig erkennen können.

Gönnen Sie daher Ihrem Männchen die für ihn nötigen Ruhephasen (wie lange und auf welche Art ist individuell unterschiedlich)! Er holt sie sich sowieso auf irgendeine Weise! Und beginnen Sie gar nicht erst mit Prinzipienreiterei nach dem Motto »Wenn ich das täte, dann würde alles stehen und liegen bleiben«. Wahrscheinlich würde es das, vielleicht auch nicht …

Eine sozial weniger anerkannte Fluchtform: der Seitensprung

Eine verbreitete Fluchtform der Männchen ist der Seitensprung. Und auch wenn Sie jetzt über mich herfallen mögen, meine Damen: Manchmal hat ein Seitensprung nicht mehr zu bedeuten als »Extremgolfen« oder dreimal die Woche zum Stammtisch zu gehen.

Worum geht es?

Männchen, die zu Hause ihre Grundbedürfnisse nicht erfüllt bekommen, flüchten oder suchen sich Ersatzelemente. Ich weiß, ein Seitensprung wird gemeinhin als viel schlimmer angesehen als nur ein »Ersatzelement«, und natürlich haben Sie damit recht. So ein Betrug ist extrem kränkend, stellt das Weibchen in ihrer gesamten Persönlichkeit infrage, bricht das Vertrauen und zerstört alles, was ein Paar bis dahin aufgebaut hat. Aber wenn man nach der ersten Kränkung einmal fähig ist, genauer hinzusehen, kann sich mitunter ein anderes Bild ergeben, das sogar eine Chance ist, sich wieder näher zu kommen und gemeinsam eine neue Richtung einzuschlagen.

Ein großer Irrtum: ein Seitensprung als Trennungsgrund

Woraus besteht eine Beziehung? Die ersten Antworten werden in eine Richtung gehen wie »gemeinsame Ziele«, »Vertrauen«, »füreinander da sein«, »etwas gemeinsam aufbauen«, »miteinander reden können«, »gemeinsame Hobbys«, »gemeinsame Erlebnisse«, »nicht alleine sein«, »sich gut verstehen«, »Toleranz«, »Offenheit«, »Harmonie«, »Haus, Hund, Familie, Kin-

76

der« usw. Sicherlich kommt in dieser Aufzählung auch irgendwann einmal das Thema »Sexualität« vor und das ist natürlich auch ein wichtiger Bereich einer Beziehung – aber sicher nicht der einzige und wichtigste.

Angesichts unserer immer höher werdenden Lebenserwartung kann bei frühem Beginn die Dauer einer Beziehung oft sehr, sehr lange werden. Und verraten Sie mir bitte, wie es möglich sein soll, über einen Zeitraum von 20, 30 oder 50 Jahren sexuelle Attraktivität dauerhaft und ohne Unterbrechungen aufrechtzuerhalten!

Neben der medial propagierten dauerlechzenden Geilheit aufeinander tauchen im Laufe eines Lebens möglicherweise auch die einen oder anderen »Nebenereignisse« auf wie z. B. Kinder, Berufswechsel, Hausbau, Krankheits- oder Todesfälle, berufliche und persönliche Entwicklung, Wohnungswechsel, familiäre Probleme etc.

Wenn man dem gesellschaftlichen Mainstream Glauben schenkt, ist es ungeachtet dieser Einflüsse für jede Frau, jeden Mann immer und überall möglich, sexuell bereit und willig zu sein, und es ist ja wohl die oberste Maxime, sexuelle Befriedigung erleben zu können – am besten noch mit neu propagierten Praktiken wie Lack und Leder, Sadomaso, Swingerclubs, Partnertausch etc. Wenn man das nicht tut, ist man ja nicht in!

Ich glaube, Sie wissen selbst, dass dies ausgemachter Blödsinn ist und sich das Leben meist in ganz anderen Farbtönen abspielt. Wenn Sie also diese Märchen nicht glauben, warum bitte ist es möglich, dass bis heute ein Mythos nach wie vor ungebrochen bestehen kann?

»Du sollst nicht begehren deines Nächsten Weib« sagt nicht aus »Du darfst mit niemandem anderen Sex haben, wenn du in Beziehung bist«, sondern nur, dass du keinem Mann seine Frau ausspannen darfst. Also nicht einmal die Bibel hat sich getraut, sich in diesem Zusammenhang klar und deutlich zu äußern!

Ich bin immer wieder erstaunt, wie oft Beziehungen am Thema Sex, genauer gesagt am Thema »Sex außerhalb der Beziehung«, gemessen werden, dadurch ins Wanken geraten und sogar daran zugrunde gehen. Und noch mehr wundere ich mich, dass Frauen bei einer Seitensprungrate von knapp 50 % allen Ernstes zu 100 % sicher sind, dass ihr Männchen NIEMALS fremdgehen würde, weil sie so eine harmonische, vertraute Beziehung haben.

Wenn wir der Theorie Freuds glauben dürfen, wäre ja genau das ein wunderbarer Grund für den Mann, fremdzugehen. Gerade dort, wo es so harmonisch, vertraut und familiär zugeht, ähnelt die Frau des Hauses oftmals immer mehr der angebeteten großen Mutter, und gerade dann wird es für das Männchen schwierig, mit ihr seine sexuellen Bedürfnisse in allen Facetten auszuleben.

Keine Angst – nicht jedes Männchen reagiert so eigenartig auf eine glückliche, harmonische Beziehung! Schließlich gehen ja auch nur 50 % der Männchen fremd!

Ich möchte hier nicht schmälern, wie verletzend jede Form von Fremdgehen ist und wie sehr so ein Ereignis das Vertrauen und die gesamte bisher als selbstverständlich erlebte Basis einer Beziehung ins Wanken bringen kann. Klar muss man damit arbeiten, klar kann der Seitensprung ein Hinweis darauf sein, dass in der Beziehung etwas geändert werden sollte!

In so vielen Fällen wird dann jedoch sofort aus gekränktem Stolz heraus die gesamte Beziehung, möglicherweise die gesamten letzten 10, 20 bis 40 Jahre plus Kind, Haus, Bekanntenkreis und was auch immer noch gemeinsam aufgebaut wurde, weggeworfen und erst danach überlegt, ob es nicht doch noch eine andere Lösung geben hätte können.

Natürlich gibt es Situationen, in denen eine Trennung eine gute Lösung für alle Beteiligten ist, und ich bin sicherlich keine Verfechterin der These, dass man unbedingt zusammenblei-

78

ben sollte, egal was kommt. Ich finde es aber immer wieder schade, wenn Beziehungen nur gekränkten Stolzes wegen beendet werden. Frauen, die sich wegen dieser absoluten Einstellung »Geht er fremd, bin ich weg« von ihrem Partner trennen, empfinden selten ein gutes Gefühl nach der Trennung. Ganz im Gegenteil – voll mit Wut, Hass, Enttäuschung und dem Gefühl, das einzige Opfer zu sein, wundern sie sich, warum es nicht aufhört, weh zu tun. Ja, wie sollte es? So etwas gehört doch bearbeitet!

Entweder Sie müssen sich nach der Trennung alleine mit diesen quälenden Fragen herumschlagen (»Warum, wieso war die andere besser?«) oder Sie tun es vor oder statt einer Trennung gemeinsam mit dem Partner. Das ist zwar anstrengend und tut ebenfalls weh, aber zumindest besteht dann die Möglichkeit, herauszufinden, ob und vor allem wie die Beziehung weitergehen kann. Irgendeinen Grund gibt es nämlich bei derartigen mehr oder weniger geplanten männlichen Ausbrüchen fast immer. Aber wenn alles beim Alten bleibt, ist der nächste Seitensprung oder ein anderes Fluchtverhalten vorprogrammiert.

Der Seitensprung als Symptom für ein Beziehungsproblem

Grundsätzlich sollte man immer unterscheiden zwischen Seitensprung und Affäre. Unter Seitensprung verstehe ich eine einmalige sexuelle Begebenheit, die sich im Zuge einer Situation entwickelt hat. Oft ist Alkohol im Spiel und Gefühle wie Liebe, Gemeinsamkeit etc. kommen dabei nicht vor. Es handelt sich im Prinzip um reinen Sex.

Wenn Sie sich ansehen, was Männchen so brauchen, kann man gut nachvollziehen, wo in vielen Fällen der Hase im Pfeffer liegt. Entweder das Männchen wird zu wenig bewundert, steht zu wenig im Mittelpunkt oder wird zu stark kontrolliert, fühlt sich hilflos, unterlegen usw.

Was Sie aus einem Seitensprung Ihres Männchens lernen können

Bevor Sie die typischen und vielleicht auch gerechtfertigten weiblichen Sofortreaktionen (Hysterie, Rausschmeißen etc.) auf einen Seitensprung anwenden bzw. wenn Sie sich dann wieder etwas beruhigt haben, geben Sie Ihrem Männchen die Chance, sich zu rechtfertigen. Während ich das schreibe, weiß ich schon, dass diese Methode zu nichts führen wird, denn das Männchen weiß meistens selber nicht, wie es in diese Situation geschlittert ist. Da Männchen mit Problemen selten reflektiert umgehen (haha – sonst hätten sie vermutlich eine intelligentere Reaktion parat als einfach stupide fremdzugehen), reagieren sie oft spontan und triebhaft. Wenn man sie dann fragt: »Was hast du dir dabei gedacht?«, können sie nur mit der Schulter zucken, denn in der Tat, sie haben sich überhaupt nichts dabei gedacht. Sie haben gehandelt – in altbewährter Männermanier: Erst handeln, dann denken.

Wenn man die Lebenswege beider Partner betrachtet und in Verbindung bringt, zeigt sich oft eine sehr gute Erklärung für den Seitensprung. Die Anfänge können Jahre zurückliegen und es ist frappierend, wie genau man, allerdings leider erst im Nachhinein, erkennen kann, wo noch eingegriffen werden hätte können, um eine andere Entwicklung herbeizuführen. Aber danach ist man immer schlauer, das ist klar.

In vielen Fällen ist es tatsächlich die Sprachlosigkeit des Männchens, die dazu führt, dass Konflikte unter den Teppich gekehrt oder gar nicht erkannt werden.

80

Christine und Thomas haben einen schweren Weg vor sich. Thomas hat Christine gestanden, dass er sie einmal betrogen hat. Mit einer guten Freundin. Christine ist fassungslos, aber sie beschließen, diese Krise gemeinsam zu bewältigen.

In der Analyse der beiden Lebensgeschichten wird sehr schnell deutlich, dass Christine in den letzten Jahren sehr stark mit ihrer Ursprungsfamilie beschäftigt war. Die Mutter wurde krank, der Vater starb, finanzielle Probleme entstanden, die sie zwar nicht verursacht hatten, die aber Familienstreitigkeiten nach sich zogen. Im Zuge dessen entwickelte Christine überdies eine chronische Krankheit, die sie zunehmend belastete.

Thomas hatte zwei Jobwechsel hinter sich, dazwischen zogen die beiden noch von der kleinen Wohnung in ein größeres Haus. Die familiären Probleme von Christine konnte Thomas nur unterstützend verfolgen, aber nicht wirklich etwas dazu tun. Auch ihrem Magengeschwür gegenüber war er machtlos.

Angesichts der Ritter- und Heldentheorie ist es ziemlich verständlich, wie unwohl sich Thomas in seiner hilflosen Rolle fühlen musste. In erfolgreicher Männermanier war ihm dieses Unwohlsein natürlich nicht bewusst, ganz im Gegenteil, er begann, gereizt zu reagieren, wenn Christine wieder von den Problemen ihrer Familie erzählte, und entwickelte eine gewisse Abneigung gegen verschiedene Mitglieder aus Christines Familie. Das durfte er natürlich niemandem mitteilen, denn Christine hätte sehr verständnislos reagiert, handelt es sich doch – bei allen Schwierigkeiten – um ihre Familie. Die Verantwortung, die er durch Christines Krankheit und die Probleme in deren Familie mit zu tragen hatte, war ihm nicht zu schwer, aber die Ohnmacht, mit der er dabei zusehen musste, drückte sehr auf seinen männlichen Stolz. Erst im geschützten Rahmen einer Paartherapie konnte Thomas diese Gefühle ausdrücken. Dies war aber erst möglich, als durch seinen Seitensprung die Probleme in der Beziehung offensichtlich wurden.

Der Seitensprung an sich hatte so gut wie nichts Spektakuläres. Eine gute Freundin bot sich als Zuhörerin an, sie machte Thomas Komplimente und gab ihm das Gefühl, dass er ein toller, begehrenswerter Mann ist. Thomas konnte seine ritterlichen Bedürfnisse wieder ausleben und fühlte sich wieder machtvoll und wie ein toller Hecht. Klar wollte er keine Sekunde Christine gegen diese Bekannte austauschen. Sie war nur zur richtigen Zeit an der richtigen Stelle – und dann war es auch schon passiert. Denken Sie an den froschähnlichen Hirnzustand beim Anblick einer schönen Frau – da wird nicht gedacht, sondern nur mehr gehandelt!

Christine erkannte, dass es für ihre Beziehung nicht förderlich wäre, in Zukunft ständig an seiner Treue zu zweifeln und ihn verstärkt zu kontrollieren. Stattdessen wurde versucht, eine vernünftige Lösung für das Familienproblem zu finden, denn auch Christine hatte sich da ein bisschen zu viel hineingesteigert. Die beiden begannen, sich als Paar besser zu definieren und von der restlichen Familie abzugrenzen. Außerdem übten sie sich in einem vertrauens- und verständnisvolleren Kommunikationsverhalten.

Unter diesen Voraussetzungen kann ein Seitensprung tatsächlich ein zwar sehr schmerzhafter, aber auch im positiven Sinne ein sehr dramatischer Wendepunkt in einer Beziehung sein. Alte Dinge, die aus falscher Rücksichtnahme unter den Teppich gekehrt wurden, können bereinigt werden und – noch viel wichtiger – neue Lösungen und Wege, wie in Zukunft die Beziehung gestaltet werden kann, können gefunden werden.

Wichtig dabei sind eine gute Basis und der Wunsch, die Beziehung zu erhalten. Wenn sowieso schon alles am Kriseln ist oder sich die beiden Persönlichkeiten massiv auseinanderentwickelt haben, kann ein Seitensprung natürlich auch ein guter Anlass für einen Ausstieg aus einer maroden Beziehung sein.

Das Phänomen der Untreue rund um die Geburt des ersten Kindes

Es gibt eigenartigerweise statistische Hinweise auf eine erhöhte Häufigkeit von Seitensprüngen kurz nach oder bereits schon kurz vor der Geburt des ersten Kindes.

Was sich für Frauen absolut grotesk, gemein, hinterhältig und verantwortungslos anhört, ist aus Sicht dieser Männchen irgendwie nachvollziehbar.

Das Wunder der Geburt und wie hilflos das Männchen daneben steht

Männchen sind zwar ausgezeichnet darin, sich zu nehmen, was sie brauchen und ihre Bedürfnisse mehr oder weniger subtil durchzusetzen. Aber in dieser Zeit der Schwangerschaft und der Geburt des ersten Kindes stehen sie vor einer ganz blöden Situation: Sie müssen Rücksicht nehmen.

Sie wissen zwar nicht, worauf, denn im Prinzip haben sie ja keine Ahnung, was da gerade passiert, aber sie haben irgendwann einmal mitbekommen, das dieser geheimnisvolle Prozess, der sich da gerade abspielt, etwas Wunderbares und Heiliges ist. Tatsächlich begegnen ja auch in unserer emanzipierten Zeit viele Männchen diesem ganzen »Frauenkram« nach wie vor mit Desinteresse, Unsicherheit, Ekel und oft sogar mit Angst. Egal wie, es kann niemals ein wirklich vertrautes, verstehendes Verhältnis entstehen, einfach aus der Tatsache heraus, dass es sich um körperliche Vorgänge handelt, die sie nicht nachvollziehen können, weil sie sie niemals erlebt haben und in vorhersehbarer Zukunft auch nicht erleben werden.

83

Genau das schafft bei unseren kleinen Helden diese lustige Unsicherheit, die je nach Zucht und Beschaffenheit zum Teil recht unverhohlen zum Ausdruck gebracht wird. Versuchen Sie einmal, so einen Mann zu bitten, Ihnen die Damenbinden vom Supermarkt mitzunehmen! Andere wiederum versuchen, Ihre Unsicherheit durch übermäßige und fast schon übertriebene Fürsorglichkeit zu überspielen. Das sind dann die braven Musterväter, die bei der Geburt des Kindes zwar aktiv dabei sind und es sogar schaffen, sich dabei nicht zu übergeben, wenngleich sie danach Probleme beim Sex haben, weil sie diesen Anblick nicht vergessen können.

Ich erinnere daran, dass es sich in diesem Buch um das klassische, traditionelle „Testosteron-Männchen« handelt! Natürlich gibt es inzwischen auch Männer, die mit diesen Dingen keinerlei Probleme mehr haben. Auf diese werden aber auch viele andere Punkte in diesem Buch nicht zutreffen.

Wie auch immer, Männchen erleben ab dem Zeitpunkt der Verkündigung »Du wirst Vater« eine mindestens ebenso rasante Veränderung des gesamten Lebens wie die schwangere Partnerin. Aber – sie dürfen es nicht zugeben, am besten nicht einmal selbst wahrnehmen! Denn jetzt steht ja die werdende Mutter im Mittelpunkt. Als Held darf er natürlich auch nicht zugeben, wie sehr ihm diese neue Situation zu schaffen macht, wie unsicher er ist, ob er dieser lebenslangen Verantwortung überhaupt gewachsen ist.

Die zunehmende, unter anderem auch hormonell bedingte psychische Veränderung seines Weibchens, deren erhöhte Sensibilität und die gesellschaftlich erwartete Fürsorge, die er ja auch selbst für die Schwangere verspürt (aber halt nicht immer und zu jeder Zeit!) tragen weiter zu seiner inneren Vereinsamung bei. Wem sollte er seine Ängste und seine Überforderung mitteilen?

84

Männer unter sich reden über alles, außer über ihre Probleme, und schon gar nicht über die gynäkologischen Veränderungen bei ihrer Frau. Mit seinem Weibchen kann er nicht darüber sprechen, denn sie würde in ihrem hormonell veränderten Zustand jedes zweite Wort von ihm falsch verstehen. Ein einziger ausgesprochener Zweifel wie »Ich hoffe, dass ich das alles schaffen werde« würde vermutlich mit einer Aussage wie »Ach so, wird dir unser Kind denn jetzt schon zu viel, na das kann ja lustig werden« quittiert – und aus ist es mit dem vertrauten Gespräch. Aus Sicht des Weibchens hat er interessiert an ihren körperlichen Veränderungen Anteil zu nehmen. Aber um ihn kümmert sich zu diesem Zeitpunkt eigentlich kein Hund. Das beginnt bereits während der Schwangerschaft und kann bis zum Eintritt in den Kindergarten des Sprösslings oder – noch schlimmer – bis zu dessen Volljährigkeit so weitergehen.

Zusätzlich zum Verlust seiner Mittelpunktrolle kommt auch die drohende Rollenveränderung vom tolldreisten Mann zum verantwortungsbewussten Vater, die zwar einerseits verlockend, wunderbar und ein neues Abenteuer sein, andererseits aber auch Ängste und Selbstzweifel hervorrufen kann. Schließlich kommt dann noch die veränderte Paarbeziehung hinzu, wenn aus Herbert und Lisa, dem abenteuerlustigen Traumpaar, plötzlich Mama und Papa werden.

Es ist inzwischen allseits bekannt, wie wichtig es ist, neben der Kinderschar auch ganz bewusst die Zweierbeziehung aufrechtzuerhalten, aber probieren Sie das einmal kurz nach einer Geburt, wenn die weiblichen Hormone nur auf Erhaltung der Brut ausgerichtet sind. Das geht einfach nicht! Zumindest nicht gleich von Anfang an.

Viele Mütter werden bestätigen, dass ihnen kurz nach der Geburt zwar noch irgendwo der Gedanke an den ins Out gedrängten (sexuellen) Mann und Helden kommt, trotzdem war es ihnen zu dieser Zeit viel wichtiger, jetzt einen guten Vater und Freund an der Seite zu haben, der mit ihnen die Anstrengung teilt, sich um dieses kleine Wesen zu kümmern, und, ohne blöde Fragen zu stellen, einfach »das Richtige« tut. Denn für Erklärungen hatten sie weder Zeit noch Muße. Macht er etwas falsch, nehmen sie es ihm einfach aus der Hand – und autsch, wieder ein Teil seines Heldenreiches weniger!

Ganz zu schweigen von dem intimen Akt des Stillens, dem er maximal staunend und ehrfürchtig beiwohnen, es aber nie wirklich erleben kann. Und damit ist er einen weiteren Schritt ins Out gedrängt!

In jeder kleinen, gerade im Entstehen begriffenen Familie läuft es ein bisschen anders, aber eines ist in allen Fällen gleich: Beide erleben etwas Einzigartiges und Neues. Aber beide haben unterschiedliche Muster, wie sie so etwas erleben und aufnehmen. Das Männchen ist es nicht gewohnt, Schwächen zu zeigen. Stößt er auf etwas Neues, packt er es an und probiert, bis er es geschafft hat. Ihm liegt diese Rolle des staunenden »Aha, so geht das. Danke, dass du es mir gezeigt hast« nicht.

Außerdem ist es für viele Männer schwierig, mit diesem kleinen Würmchen etwas anzufangen. Ab ca. dem dritten Lebensjahr ändert sich das radikal, denn dann gibt es da ein Kind zum Anfassen, mit dem man Blödsinn machen kann, wo der Papa richtig als Mensch gebraucht wird und nicht nur als eine Art Mamaersatz.

Endlich wieder ein Held
Nehmen wir einmal an, ein derart mit Selbstzweifeln geplagter, unbeachteter, sich immer bemühender, aber nie wirklich anerkannter Mann (nicht der Vater! Der Mann!) sitzt dann irgendwann einmal in einer Bar. Dort trifft er auf ein freundliches weibliches Wesen, das ihm das gibt, was er grundsätzlich

86

und in diesem Moment ganz besonders braucht: Sie hört ihm zu, sie bewundert ihn, sie spielt mit ihren Reizen, sie gibt ihm das Gefühl, dass er ein richtiger Mann ist – ja, kann es denn eine leichtere Beute geben?

Und ich hoffe, ich konnte es deutlich genug hinüberbringen, es geht dabei nicht um eine Abwendung von der Familie. Natürlich steht der Vater und Ehemann absolut hinter seiner Frau und ihrem gemeinsamen Kind und würde nicht im Traum daran denken, das alles aufzugeben. Er, der Mann, hat nur in diesem Moment ein so großes Bedürfnis nach Anerkennung, dem früheren verwegenen Gefühl des freien Abenteurers, dass er dem Drang einfach nicht widerstehen kann.

Ich sage nicht, dass es die feine englische Art ist, sondern wieder einmal mehr ein trauriges Zeugnis, wie unreflektiert und triebgesteuert unsere Herren der Schöpfung trotz Mondlandung und Atomenergie bis heute noch sind. Aber bitte, bitte, bitte: Wenn Sie in dieser Situation sind – geben Sie deswegen nicht Ihre Ehe auf (außer es ist für Sie ein willkommener Anlassfall, diesen bereits überflüssig gewordenen Klumpen am Bein endlich loszuwerden), sondern lesen Sie einfach einmal weiter.

Der Spagat zwischen Mutterschaft und Sinnlichkeit
Sie sehen, Sie sind in einer Zwickmühle. Nur die wenigsten Frauen (und ich kenne eigentlich keine einzige solche) schaffen in dieser so schönen, aber auch so anspruchsvollen Zeit einer Beziehung den Spagat, fürsorgliche Mutter und sexuell interessierte Frau gleichzeitig zu sein. Sie sind in der abhängigsten Zeit ihres Lebens und waren noch nie so massiv auf Ihren Partner (oder zumindest andere helfende Hände) angewiesen wie in der Zeit rund um die Geburt des ersten Kindes (beim zweiten haben Sie bereits Erfahrung und diverse Hilfssysteme und es ist trotzdem noch schwer genug).

Sie geben 150 % im Alltag, da bleibt für das Männchen nicht mehr viel übrig. Das Weibchen bekommt als Mutter Energie aus dem Kontakt mit ihrem Kind zurück, und das reicht ihr anfänglich auch völlig aus. Die Frau, das wollüstige Weib, ist auf Stand-by gestellt. Diese Energie aus der Freude über das Kind und seine neue Familie hat das Männchen zwar auch, denn auch er gibt mehr als 100 %, aber er bleibt neben der Vaterrolle immer noch Mann, mit männlichen Bedürfnissen, und das bedeutet nicht nur Sex, wie ich oben bereits erläutert habe, sondern auch Ruhe, Anerkennung, Heldentum etc.

Vom Paar zur Familie
Veränderungen brauchen ihre Zeit. So wie Sie sich erst langsam an Ihre Mutterrolle gewöhnen können, muss sich auch ein Männchen erst einmal daran gewöhnen, dass er jetzt Vater ist. Manche gehen dabei den Umweg über Affären, eine Geliebte oder mehrere Seitensprünge, um sich das Gefühl zu geben, »noch dabei« und ein großer Held zu sein. Spätestens wenn der kleine Wurm zum ersten Mal aktiv auf ihn zugeht, Papa sagt und die beiden gemeinsam etwas machen können, werden diese Hilfssysteme für das männliche Ego nicht mehr vonnöten sein. Und auch Sie haben sich bis dahin wieder so weit neben der Mutter zur Frau zurückverwandelt und können wieder darauf eingehen, dass neben Ihnen nicht nur ein helfender Vater, sondern Ihr Mann steht, den sie wieder voll wahrnehmen und begehren können.

Wenn er in dieser Zeit fremdgeht, ist es einfach, mit dem Finger auf diesen bösen, untreuen, räudigen Verräter zu zeigen. Das Weibchen zieht sich gekränkt zurück, verlässt ihn und verweigert ihm den Kontakt mit dem Kind, denn das hat dieser Mistkerl schließlich verdient.

Ob das Kind es verdient hat, seinen Vater nicht mehr zu sehen, ist dabei ja egal. Im Wort »brutal« ist nicht umsonst

88

das Wort Brut enthalten, und nichts ist gefährlicher, ob bei Tier oder Mensch, als eine Mutter, die ihre Kinder verteidigt.

Eine andere, nicht weniger selbstzerstörerische Methode ist es, gekränkt die Partnerschaft fortzuführen und es ihm ein Leben lang vorzuhalten, damit ja keine Möglichkeit mehr besteht, jemals wieder eine unbeschwerte, harmonische Beziehung führen zu können.

Ich möchte hier keinen »Wie gehe ich mit einem Seitensprung um«-Ratgeber verfassen. Es gibt genügend Literatur zu diesem Thema, sodass ich nicht die gleichen Thesen wiederholen möchte. Ein erster Schritt kann sein, nachvollziehen zu können, wie das Ganze entstanden ist, denn nur so kann die Grundlage für eine tiefere, reifere Beziehung und neues Vertrauen aufgebaut werden.

Wie Sie unerwünschtes Verhalten Ihres Männchens verändern können

Wenn auf den letzten Seiten der Eindruck entstanden sein sollte, dass nur die Männchen zu Opfern schlechter Haltung werden und überhaupt nichts dafür können, wenn sie sich benehmen wie die Urmenschen, entspricht das sicher nicht der Wahrheit. Wenn es aber ausschließlich der Willkür des starken Mannes vorbehalten wäre, sich zu benehmen, wie er gerade will, würde das jedoch auch bedeuten, dass Sie als Weibchen darauf überhaupt keinen Einfluss haben, und das wäre vermutlich die bedrohlichere Sicht der Dinge. Daher möchte ich in diesem Büchlein den »weiblichen Anteil« am Beziehungsgeschehen beleuchten. Denn das ist der Teil, an dem Sie etwas verändern können – nämlich SICH SELBST. Sie können, sofern es überhaupt geht, Ihr Männchen nur ändern, indem Sie an sich und Ihrem Verhalten etwas verändern, denn dann kann Ihr Männchen nicht mehr mit seinen vertrauten Reaktionen darauf antworten, sondern muss sich etwas anderes einfallen lassen.

Man kann mit seinem Männchen auch reden

Ich möchte an dieser Stelle noch einmal mit dem alten Märchen aufräumen, dass man mit Männern angeblich nicht reden kann. Dass Männchen in Gesprächen mit ihrer Partnerin häufig vollkommen unterlegen sind, habe ich bereits im Unterkapitel »Die vernichtendste Waffe der Frauen: Kommunikation« beschrieben. Konstruktiv ausgeführt, kann ein Gespräch

90

jedoch unglaubliche und positive Veränderungen zur Folge haben.

Ein wesentlicher Punkt ist, dem Männchen den Raum zu geben, wo er seine Ansichten klar äußern kann, ohne dass er das Gefühl hat, ein Minenfeld zu durchwandern. Es ist auch wenig hilfreich, seinen Ausführungen mit einem verbalen Schützenfeuer zu entgegnen. In diesen Fällen wundern Sie sich nicht über mangelnde Gesprächsbereitschaft.

Über passives, aktives und aggressives Zuhören

Sie können es glauben oder nicht, aber Kommunikation besteht nicht nur darin, was man sagt, sondern auch in der Art und Weise, wie man das Gesagte versteht. Diese Weisheit ist nicht neu und wird seit Jahrzehnten in allen erdenklichen Formen beschrieben. Besonders berühmt wurde in diesem Zusammenhang das viel zitierte und leider noch immer so selten praktizierte »aktive Zuhören«, eine Art zuzuhören, die versucht, den Gesprächspartner so zu verstehen, wie er es auch tatsächlich meint.

Allerdings finde ich stattdessen in den meisten Paargesprächen eine gänzlich andere Form des Zuhörens: das aggressive Zuhören!

Dabei wird vornehmlich versucht, dem anderen aus jeder Aussage einen Strick zu drehen, bzw. wird gar nicht zugehört, sondern die Redezeit des anderen dazu verwendet, an der Formulierung der eigenen Ansichten zu basteln.

Bildlich ähnelt diese Form von Gespräch zwei gewaltbereiten, bis auf die Zähne bewaffneten Freiheitskämpfern. Der eine spricht russisch, der andere spanisch. Beide plappern wild aufeinander los, ohne sich zu verstehen, und irgendwann erschießt der stärker Bewaffnete (meist das Weibchen) den weniger gut Bewaffneten.

Eine andere, sehr häufig beobachtete Form des Zuhörens

91

ist das passive Zuhören, jene Form, die sich Männchen aneignen, nachdem sie mehrmals das Opfer von aggressiven Zuhörgesprächen geworden sind. Passives Zuhören erkennt man am »Ins eine Ohr rein, aus dem anderen Ohr raus«-Modus, geschmückt mit mehr oder weniger angebrachten Bestätigungen wie »Ja, mein Schatz«, »Das steht dir prima!«, »Ganz wie du meinst, mein Schatz«.

Sie können sich vorstellen, dass beide Formen von Zuhören nicht unbedingt zu einem tiefen, akzeptierenden Verstehen des Partners beitragen. Vielleicht versuchen Sie es doch einmal mit diesem Mythos vom »aktiven Zuhören«?

Eine herrliche Paarübung, die wirklich viel Disziplin erfordert, ist ebenso alt wie bewährt:

Man nehme einen Ball, eine Murmel, eine Gabel, eine Pfeife, egal was. Ich verwende für die Beschreibung Anna und Ben, damit es einfacher wird, dem Ganzen zu folgen:

1) Anna hält den Ball in der Hand, das heißt Anna darf jetzt sagen, wie es ihr geht, wie sie zu einer Sache steht, was sie darüber denkt, wie sie etwas erlebt hat.

In dieser Zeit ist es Ben untersagt, dazwischenzureden, zu unterbrechen oder auch nur das Gesicht zu verziehen. Seine Aufgabe besteht ausschließlich darin, wirklich und wahrhaftig zuzuhören.

Wenn Anna fertig ist, übergibt sie den Ball an Ben.

Ben tut jetzt NICHT das, wonach ihm zumute wäre, nämlich alles zu zerreden, was Anna gesagt hat. Nein!!!

2) Ben versucht, inhaltlich zu wiederholen, was er von dem verstanden hat, was Anna gesagt hat.

Dies führt dann zu zwei Möglichkeiten:

a) Wenn Anna sich nicht vollinhaltlich verstanden fühlt,

92

beschreibt sie ihre Ausführungen noch einmal, sodass Ben sie besser verstehen kann, oder

b) Anna bestätigt, wenn sie sich von Ben richtig verstanden fühlt.

Im Fall a) fasst Ben das Gesagte noch einmal zusammen, bis Anna sich richtig verstanden fühlt.

Erst dann geht es weiter:

3) Ben hat den Ball und teilt nun seinerseits Anna seine Ansichten über ihre Ausführungen mit. Anna wiederholt, was Ben gesagt hat, und erst wenn Ben sich von ihr richtig verstanden fühlt, bekommt sie den Ball und darf nun ihre Ansichten zu Bens Ausführungen kundtun usw.

Sinn der Sache ist es, aktives Zuhören zu lernen. Aktives Zuhören unterscheidet sich vom passiven oder aggressiven Zuhören ganz beträchtlich!

Beim aktiven Zuhören gilt »Im Zweifel für den Angeklagten« bzw. gibt es gar keinen Angeklagten. Es ist ein wertschätzendes, akzeptierendes Zuhören, das versucht, den anderen so zu verstehen, wie er es meint. Wenn Sie beginnen, mit Ihrem Männchen auf diese Art und Weise zu reden, werden Sie sich wundern, wie viel Ihr Männchen auf einmal von sich preisgibt und wie viele Gedanken sich dieses vormals so stumme und störrische Wesen über Sie, sich und Ihre gemeinsame Beziehung macht!

Die Kunst, den richtigen Zeitpunkt zu finden

Sehr oft scheitern Gesprächsversuche einfach nur, weil der Zeitpunkt nicht der richtige ist. Viele Weibchen überfallen ihre Männchen sofort, wenn sie nach Hause kommen, mit großen, dramatischen Themen. Meist auch noch aus dem Affekt heraus, ungemein emotional und drastisch. Das Männchen liegt dabei meist auf der Couch, repariert irgendetwas oder sitzt am PC. Das Weibchen fragt nicht: »Hast du mal kurz Zeit?« Nein, sie plappert einfach drauflos und wundert sich, wenn sie keine oder eine patzige Antwort bekommt.

Männchen neigen dazu, sobald sie zu Hause angekommen sind, ihre Festplatte hinunterzufahren, sprich, ihr Gehirn im Vorhaus abzulegen und sich mit einem entspannten Seufzer auf die Couch zu platzieren. Wie soll ein Gehirn im Stand-by-Modus sich sofort und in Sekundenschnelle wieder dem akuten Gesprächsbedürfnis des Weibchens anpassen?

Wenn das Weibchen nur etwas erzählen will, ist es ja nicht ganz so schlimm – dafür haben die Männchen ja das passive Zuhören erfunden. Aber was, wenn das Weibchen tatsächlich Antworten haben will, etwas besprechen will, wie z. B. so kleine Themen wie »Kannst du bitte endlich den Müllsack hinunterbringen?«, »Warum hilfst du mir nie im Haushalt?«, »Wohin fahren wir auf Urlaub?« oder »Lieben wir uns denn noch?« Tja, dann ist es eigentlich ein bisschen unfair, den Partner damit einfach so zu überfallen. Geben Sie ihm doch die Chance, sich auf das Gespräch einzustellen, und gönnen Sie ihm seine Ruhepause! Vielleicht werden Sie jetzt sagen: »Aber er kann sich doch nicht immer verdrücken, wenn wir etwas besprechen müssen«, und damit haben Sie vollkommen recht. Aber alles zu seiner Zeit!

Vereinbaren Sie mit ihm Zeitpunkte, die für gemeinsame Gespräch reserviert sind (z. B. ein Tag in der Woche, an dem Sie nach dem Abendessen nicht den Fernseher einschalten, sondern gemeinsam eine Tasse Tee oder ein Gläschen Wein trinken und sich über Wichtiges, aber auch Unwichtiges unterhalten). Geben Sie aber diesem Abend nicht den Titel „Krisengipfel", sonst läuft er bereits bei der Ankündigung dieser Idee laut schreiend davon. Geben Sie diesem Abend das Motto „Zeit für uns" und besprechen Sie mit Ihrem Männchen, wie er sich einen gelungenen Abend oder gelungene gemeinsame Freizeit vorstellt, wann es ihm passen würde, ein gutes Gespräch zu führen, und legen Sie ihm Ihre Vorstellungen dar.

Überfallen Sie ihn nicht unvermittelt mit einem »wichtigen Thema«, ohne dass er sich darauf einstellen kann. Wenn Sie diese Vorkehrungen treffen, wird möglicherweise die Gesprächsqualität steigen, weil auch Ihr Männchen die Bedingungen mitgestalten durfte und dadurch auch gerne mitreden möchte. Schließlich ist er ja kein schweigender Schwachsinniger, der nur bockig und stur ist. Gehen Sie davon aus, dass auch er Anliegen hat und sich freut, einmal ohne einen Vorwurfswall einfach gehört zu werden.

Wenn kein Thema ansteht, kann es die Kommunikation ankurbeln, wenn beide sich während des Tages bzw. während der Woche Themen oder auch nur kleine Erlebnisse, Gedanken, Ideen auf kleine Zettel schreiben und sie in eine Schachtel geben. Nach und nach werden an diesem vereinbarten Abend diese Zettelchen gezogen und besprochen. Das können auch kleine liebe Äußerungen sein, wie »Ich mag deine Stupsnase« oder »Ich finde es toll, dass du vorgestern so lieb zu mir warst« oder »Ich möchte mit dir wieder einmal ins Kino gehen« etc.

Auch Spiele-Abende haben eine positive Wirkung: Man kommt sich näher, muss sich wieder mal in die Augen sehen und kann – Gott behüte!!! – vielleicht sogar wieder einmal Spaß miteinander haben!

»Ich hab dir schon hundertmal gesagt ...«

Michael ist ein wirklich lieber Kerl. Er ist freundlich, liebevoll und liebt seine Frau Martina sehr. Nur manchmal ist er etwas zerstreut und vergisst gerne das eine oder andere wie zum Beispiel seine Socken auf der Couch, das Geschirr am Tisch, die

Glühbirne, die seit Monaten im Vorzimmer ausgebrannt ist, den Müll, den er versprochen hat, hinauszutragen, usw. Kleinigkeiten, die ja so schlimm nicht sein können – denn schließlich sagt Martina zwar hin und wieder: »Kannst du bitte die Socken in die Wäschetruhe geben?« oder »Wann wechselst du endlich die Glühbirne?« Manchmal schaut sie dabei auch richtig vorwurfsvoll – vermutlich hatte sie einen schlechten Tag. Michael denkt nicht weiter darüber nach, denn immer, wenn er heimkommt, sind die Socken weg, der Müll ist leer, und solange das Licht im Vorzimmer brennt, kann man auch trotz der ausgebrannten Glühbirne etwas sehen.

Sie können sich vorstellen, wie Martina das Ganze sieht? Ich höre förmlich, wie sie zu ihrer Freundin sagt: »Michael treibt mich noch in den Wahnsinn! Alles lässt er liegen. Wenn ich ihn um etwas bitte, ist ihm das vollkommen egal, er hält sich an keine Abmachung und ich kann ständig hinter ihm herräumen – ich glaube, es ist ihm total unwichtig, wie ich mich fühle. Mir wird das alles zu viel. Am liebsten würde ich ihn manchmal anspringen!«

Kommt Ihnen die Situation bekannt vor? Ich vermute ja, denn es gibt kaum eine Beziehung, in der das Weibchen nicht versucht, das Männchen dezent auf etwas hinzuweisen, und sich zurückgewiesen, übersehen, ungeliebt fühlt, wenn das Männchen nicht darauf reagiert, obwohl sie es eh schon so oft gesagt hat.

Woran kann das liegen? Martina hat Michael schon weiß Gott wie oft gesagt, was sie sich von ihm wünschen würde. Aber irgendwie dürfte sie eine Fremdsprache gewählt haben, die Michael nicht versteht, denn Michael wäre völlig verblüfft, wenn er wüsste, wie sehr Martina dieser Zustand bereits belastet.

Wenn Martina zum zweihundertsten Mal sagt: »Kannst du bitte die Socken in die Wäschetruhe geben«, wird sie ver-

96

mutlich dieselbe Reaktion erhalten wie beim ersten Mal. Ein liebevolles »Jaja!«. Das ist nicht böse gemeint, denn es ist eine höfliche Antwort auf eine für Martin »unwichtige« Frage. Unwichtig nicht, weil sie von Martina kommt, sondern weil er nicht weiß, mit wie vielen Schimpfwörtern er bedacht wird, wenn Martina seine blöden Socken wieder zusammenklaubt.

Um des lieben Friedens willen wird sie wegen so einer »Kleinigkeit« nicht laut, denn so könnte sie Michael natürlich auch verdeutlichen, wie groß der Groll bereits ist. Wenn sie es täte, würde Michael vermutlich zwar aufhorchen, dann aber beleidigt fragen, wieso sie ihm das nicht schon früher und deutlicher mitgeteilt hat. Das Ganze könnte auch in einem handfesten Streit enden, weil Michael sich nicht »einfach so« anschreien lässt.

Würde er wissen, wie sehr Martina die Situation schon nervt, würde Martina ihm die Chance geben, nachzufühlen, worum es in dieser Sache tatsächlich schon geht, würde er sein Verhalten vermutlich ändern. Es kann natürlich sein, dass er tatsächlich vergesslich ist, dann würde auch schimpfen nichts helfen, sondern nur ein System, das Michael an seine Aufgaben erinnert.

Wie kann ihn Martina darauf aufmerksam machen? Es zum zweihundertersten Mal sagen? Sicher nicht – inzwischen müsste sie schon wissen, dass das nichts bringt (müsste sie eigentlich schon nach dem fünften Mal – aber sie wollte es ja nicht glauben).

Der effektive Wink mit dem Zaunpfahl
Jetzt ist Kreativität gefragt! Michael muss aufhorchen. Michael muss die Dringlichkeit der Situation klar werden. Michael muss mit dem Zaunpfahl darauf hingewiesen werden und nicht nur mit einer (von vielen) Aufforderung, deren Dringlichkeit er nicht mehr erkennen kann.

Ich muss immer wieder lachen, wie kreativ Frauen werden können, wenn sie einmal begonnen haben, umzudenken! Die Glücksformel heißt: Probieren Sie doch einmal etwas ganz anderes! Und jetzt werden Sie kreativ – aber bitte nicht bösartig! Es soll ja eine witzige Komponente dabei sein. Martina will Michael ja nicht demütigen, sondern ihn nur dazu bringen, dass er etwas tut, was er sonst immer vergessen hat.

Eine Möglichkeit ist es, ganz einfach die Socken liegen zu lassen. Das kann eine Weile dauern (eine harte Probe für Perfektionistinnen), vielleicht merkt er schon bald, dass ihn das Sockengewirr am Boden stört, und er räumt sie von selber weg, aber spätestens, wenn er keine Socken mehr hat, weil sie dreckig am Boden und nicht gewaschen im Schrank liegen, wird die verwunderte Frage kommen: »Wo sind denn alle meine Socken hingekommen?« Das wäre dann der geeignete Moment, seine Aufmerksamkeit auf das Desaster am Boden zu lenken und Michael darauf hinzuweisen, dass nur Socken gewaschen werden, die er in den Wäschekorb gibt. Autsch. Vielleicht merkt er es sich jetzt!

Eine Wahlmethode für Perfektionistinnen wäre es, die Socken zwar verschwinden zu lassen (und diese entweder zu waschen oder auch nicht) und immer nur ein Paar herauszurücken – und das nur, wenn er die gebrauchten selbst in den Wäschekorb gegeben hat. (Variationen sind selbstverständlich erlaubt und erwünscht!)

Zu beachten ist bei solchen Methoden unbedingt, dass sie nicht in einen erbitterten Machtkampf ausarten dürfen. Sie sind eher eine spielerische Form, um seinem Männchen zu helfen, Dinge, die dem Weibchen wichtig sind, auch als solche zu erkennen. So in etwa, wie man mit einem Kind »um die Wette« aufräumt oder andere Tätigkeiten in spielerischer Form gestaltet. Erklären Sie Ihrem Männchen auch die Hintergründe, warum es für Sie so wichtig ist, und besprechen

98

Sie vielleicht sogar mit ihm gemeinsam eine Methode, die ihm beim Erinnern hilft, dann fühlt er sich nicht schikaniert, sondern weiß, worum es geht.

Wer die erste Staffel von »Desperate Housewives« gesehen hat, sieht in der Figur der Brie die groteske Verzerrung dieser Methode, wenn sie zu verbissen und mit Anspruch auf »siegen« angewendet wird: Sie gewinnt zwar immer, aber die ganze Familie ist unglücklich – und sie letztendlich auch.

Das Schöne daran ist ja: Ihr Männchen verfügt im Großen und Ganzen doch über genügend graue Gehirnzellen, um relativ rasch zu erkennen, dass das Zusammenleben mit Ihnen einfach entspannter ist, wenn er Ihnen den einen oder anderen Gefallen tut. Wenn Sie ihn für sein vorbildliches Sockenverhalten dann auch noch hin und wieder adäquat loben (nicht zu überschwänglich, damit er sich nicht veräppelt fühlt), verselbstständigt sich dieses neue Verhalten voraussichtlich von selbst.

Wenn du die Glühbirne nicht wechselst, liebst du mich nicht mehr!

Ich kann hier schwer alle Situationen beschreiben, in denen Männchen trotz wiederholter Aufforderung etwas nicht tun, und das Beispiel »Glühbirne« soll für alle vergleichbaren Objekte dienen. Das Problem ist: Sie ärgern sich täglich über die kaputte Glühbirne, meistens wenn er nicht zu Hause ist, und über kurz oder lang vermischen Sie sein Desinteresse, die Glühbirne zu wechseln, mit seinem vermeintlichen Desinteresse an Ihrer Person. Kein Wunder, dass aus dieser Glühbirne mehr wird als ein kleiner, unscheinbarer Leuchtkörper – sie wird zum Symbol seiner Liebe für Sie. Und mit jedem Tag, an dem er sie nicht wechselt, beweist er Ihnen, wie wenig Achtung er Ihnen und Ihren Wünschen entgegenbringt.

Wenn Sie wieder an Michael denken – er hat von all dem natürlich keine Ahnung und wundert sich nur, wieso Martina in letzter Zeit immer so gereizt ist.

Wenn Ihre Toleranzschwelle bereits überschritten ist, helfen all die guten Ratschläge wenig. Daher ist es wichtig, bereits Vorkehrungen zu treffen, bevor einem nur beim Gedanken an die blöde Glühbirne die Haare zu Berge stehen.

Was also können Sie tun, um ruhig und handlungsfähig zu bleiben?

Schritt 1: Trennen Sie die Glühbirne von Ihrer Beziehung! Ihr Männchen liebt Sie trotzdem noch immer genauso wie am Tag, bevor die Birne ausbrannte!

Schritt 2: Fragen Sie sich selbst: Ist die Situation dringlich oder sparen Sie sich den Ärger und machen es selbst? Vorsicht: Denken Sie daran, dass Ihr Ritter gebraucht werden will – also bitte abwägen. Wenn er sich sowieso schon nutzlos fühlt, lassen Sie ihm bitte diese Heldentat; wenn es egal ist, tun Sie es einfach selber, wenn Sie das können und wollen.

Schritt 3: Überlegen Sie: Wie mache ich ihn auf die Dringlichkeit der Situation aufmerksam?

Eine Möglichkeit in Martinas Fall wäre es, die Lampe im Vorzimmer auszuschalten, sodass Michael immer im Dunkeln steht, wenn er heimkommt – sprich, dass er selbst Opfer seiner Glühbirnenwechselträgheit wird.

Eine andere wäre, wie bereits oben erwähnt, ihm vorzuschlagen, jetzt ganz einfach gemeinsam »spielerisch« die Glühbirne zu wechseln. Sie begleiten ihn und »jubeln« ihm zu – er ist ja schließlich der Glühbirnen-Held –, während er die Glühbirne wechselt. Wichtig ist das richtige Timing. Wählen Sie einen

100

Moment, in dem er noch oder schon wieder munter genug dafür ist, wie etwa zwischen Abendessen und Sport o. ä. Wenn er Ihren Vorschlag nicht annimmt, bleiben Sie freundlich und versuchen Sie, mit ihm einen Deal auszumachen.

Und damit wären wir schon bei einer weiteren Variante:

Der Deal: Du tust was für mich und ich tu was für dich
Fragen Sie ihn, was er sich schon lange von Ihnen wünscht, und bieten Sie ihm an (wenn es für Sie akzeptabel und in geeigneter Relation steht), dass er das bekommt, wenn er im Gegenzug die Glühbirne wechselt. Hier bieten sich eine Menge Austauschthemen an: eine Massage, ein Abend mit den Kumpels, das Lieblingsessen, ein ganzer Abend Sport schauen, die Lieblingsnachspeise, Sex (mit Ihnen natürlich), erotische Dessous, ein gemeinsames Bad, einen Tag für sich alleine u. v. m. – fragen Sie ihn einfach!

Grundsätzlich ist diese Art von Kompromiss zur Lösung vieler scheinbarer Probleme geeignet: Sie lassen ihn zum Beispiel Montag bis Freitag in Ruhe, dafür verbringt er den Samstagabend nur mit Ihnen und hört Ihnen zu. Oder drei Tage wird der Abend nach seinen Bedürfnissen verbracht, drei Tage nach Ihren etc. Dies sind natürlich keine Pauschalrezepte, aber ein erster Schritt, um aus der ewigen »Wer ist schuld?«-Spirale und den »Wer gewinnt?«-Machtkämpfen auszusteigen.

Eine weitere Form des Deals wäre auch eine Konsenslösung, also die Suche nach einer Lösung, bei der beide gewinnen können, wenn es zum Beispiel darum geht, sein Bedürfnis nach Ruhepausen und ihr Bedürfnis nach Gesprächen unter einen Hut zu bekommen: Während er seine Ruhepause hat, zieht sich das Weibchen zurück, nimmt ein Bad oder telefoniert in einem anderen Zimmer mit einer Freundin. Dafür führen sie ihre Gespräche bei einem gemeinsamen Spaziergang. So haben beide etwas davon!

101

Ich weiß, das klingt jetzt ein bisschen aufwendig, nur wegen so einer kleinen Glühbirne oder den anderen Alltagskleinigkeiten. Aber ist es nicht mindestens genauso viel Aufwand, einen Monat das Männchen mit Argusaugen beim Nichtglühbirnenwechseln oder anderen Verfehlungen zu beobachten und täglich beleidigter und wütender zu werden?

Zur Wirksamkeit und Unwirksamkeit von Belohnung und Bestrafung

Wenn das Männchen immer zu spät heimkommt

Katja sitzt zu Hause und wartet. Helmut ist mit seinen Freunden unterwegs und hat versprochen, um 22 Uhr daheim zu sein. Es ist inzwischen 23.30 Uhr. Der Film, den Katja sich ansieht, zieht sich ewig, zu putzen gibt es auch nichts mehr, jedes Mal, wenn ein Auto vorbeifährt, horcht sie auf – nein, er ist es wieder nicht. Endlich bequemt sich Helmut, mit zweistündiger Verspätung zu Hause zu erscheinen. Blöd grinsend und mit einer leichten Fahne begrüßt er sie mit einem Schmatz auf die Wange.

Katja ist in der Zwischenzeit so weit, dass sie ihm am liebsten an die Gurgel springen würde, und begrüßt ihn entsprechend gereizt mit einem bissigen: »Auch schon zu Hause!« Schlagartig ändert sich Helmuts Stimmung und er fragt etwas dümmlich, aber mit leicht verhohlener Schärfe: »Wieso, was ist denn ...?« Sie können sich vorstellen, wie es weitergeht. Entweder das Ganze artet zu einem Wortgefecht bzw. einem handfesten Streit aus oder Helmut zieht sich schmollend ins Bett zurück und beide schlafen irgendwann unzufrieden und gereizt, Rücken an Rücken, ein. Im schlimmsten Fall nimmt Helmut seine Jacke und geht wieder zu seinen Kumpels, weil er sich nicht so »blöd anreden lassen muss«.

102

Schauen wir uns diese Situation einmal aus der Sicht von Helmut an: Er hat einen lustigen Abend mit seinen Freunden, es wird das getan, was Männer so tun und Frauen nie so richtig verstehen werden: Alkohol trinken, Witze erzählen, blöd reden, über Sport diskutieren oder ein Spiel ansehen. Sprich, er fühlt sich pudelwohl, ähnlich wie Sie in einem Wellnesshotel, wenn Sie von einem durchtrainierten, stattlichen Adonis eine Stunde lang so richtig herrlich bei einer Massage durchgeknetet werden, oder bei einem ausgedehnten Stadtbummel mit einer Kreditkarte ohne Limit. Die Situation ist also alles in allem eine sehr positive, angenehme.

Helmut schaut mehrmals auf die Uhr. Es ist schon nach 22 Uhr und er weiß, was er Katja versprochen hat. Gerade in dem Moment erzählt Karl wieder so einen lustigen Witz, die Runde grölt und biegt sich vor Lachen. Ach was, sie wird das schon verstehen. Etliche Zeit später reißt sich Helmut los und kommt, noch immer beschwingt und etwas rauschig von dem netten Abend. Er betritt das traute Heim. Sofort merkt er, dass Katja nicht so gut gelaunt ist, also versucht er das Ganze mit dem letzten Mut der Verzweiflung zu überspielen. Als Katja sich davon nicht einwickeln lässt und ihn anschnauzt, ist mit einem Schlag seine gute Laune weg, eine negative, unangenehme Stimmung macht sich in ihm breit.

Was hat Helmut an diesem Abend gelernt? »Wenn ich heimkomme, gibt es Ärger, meine Stimmung ist weg und ich hab Streit mit Katja.« Wenn Helmut das nächste Mal mit seinen Freunden beisammensitzt, wird er sich an diese Szene erinnern und vielleicht sogar ein paar Mal vor 22 Uhr versuchen, die Runde zu verlassen, um nicht wieder einen Streit zu riskieren. Aber Männerrunden sind unerbittlich und Männer wissen genau, wie sie ihre Kumpels zum Bleiben animieren können. Noch dazu ist Helmut ja gerne mit seinen Freunden beisammen und irgendwie möchte er auch noch nicht nach Hause gehen, weil es einfach noch so lustig ist. Wenn es nun schon einmal nach 22 Uhr ist, ist es für Helmut ein Leichtes, zu denken oder auch zu sagen (und Sie werden sich wundern, wie oft man diesen Satz in Männerrunden hört!): »Na, jetzt brauch' ich auch noch nicht zu gehen, denn sie spinnt sowieso schon wieder. Wenn ich noch ein bisschen was trinke, ist es mir dann sowieso egal, da kann sie dann streiten, so viel sie will. Oder wenn ich noch später komme, schläft sie vielleicht auch schon!«

Die Absicht von Katja war eigentlich, Helmut dazu zu bringen, dass er in Zukunft früher zu Hause ist, sie hat aber genau das Gegenteil erreicht, denn Helmut verbindet jetzt Heimkommen mit Bestrafung. Der Fehler, der in jeder zwischenmenschlichen Beziehung immer wieder passiert, ist der falsche Zeitpunkt von Belohnung und Bestrafung. Wenn das Weibchen bei seiner Ankunft schimpft, bestraft sie ihn für etwas, das sie sich ja eigentlich gewünscht hat, nämlich dass er endlich zu Hause ist. Genau dafür sollte er aber belohnt werden, sodass er sich immer auf sein trautes Heim freuen kann, wenn er beschließt, heimzugehen.

Natürlich können Sie Ihr Männchen nicht von Grund auf verändern. Wenn er also gerne Zeit mit seinen Freunden verbringt, wird das immer so sein. Da ist es besser, sich realistischere Heimkehrzeiten oder, noch besser, ein Open End zu vereinbaren, dann wird derartigen Diskussionen von vornherein der Stoff entzogen. In diesem Falle können Sie ihn sowieso kaum dazu bringen, dass er ihretwegen früher heimkommt (außer in der ersten Verliebtheitsphase). Aber Sie können auf jeden Fall verhindern, dass er »Ihretwegen« noch später heimkommt, indem Sie sich so verhalten, dass er auch gerne wieder heimkommt.

Das geht natürlich nicht, wenn Sie stundenlang zu Hause auf Kohlen sitzen und warten, bis Sie endlich seinen Schlüssel im Türschloss hören. Dass Sie dann bei seiner Heimkehr alles andere im Kopf haben, als ihn liebevoll zu begrüßen, liegt auf der Hand. Überlegen Sie sich eigene alternative Beschäftigungen! Nutzen Sie z. B. die Zeit für einen Kaffeetratsch mit Freundinnen, machen Sie einen Heimwellnessabend etc. (siehe Kapitel »Wie gehe ich mit Eigenschaften meines Männchens um, die ich nicht ändern kann?«)

Wenn die Beziehungsqualität zu Ihrem Männchen auch in vielen anderen Punkten schon sehr angeschlagen ist, ist es vermutlich grundsätzlich schwierig, ihn liebevoll zu empfangen. In diesem Fall kann es sein, dass Bücher nicht mehr helfen, sondern eine externe Beratung angebracht ist.

Wenn es Ihnen aber gelingt, den »Verfehlungen« Ihres Männchens mit Humor und Liebe zu begegnen, könnten Sie doch einmal ein paar neue Verhaltensweisen ausprobieren. Ihrer Fantasie sind dabei keinerlei Grenzen gesetzt.

Empfangen Sie Ihr Männchen so, dass es immer wieder gerne heimkommt

Wichtig ist, ihn in einer angenehmen, gelassenen Stimmung zu empfangen. Fragen Sie ihn doch einfach, wie es war, rauchen Sie mit ihm gemeinsam eine Zigarette (wenn Sie Raucherin sind), machen Sie ein Fläschchen auf oder trinken Sie gemeinsam Tee, Saft oder Milch. Machen Sie also mit ihm irgendetwas Geselliges, damit er den Abend schön mit Ihnen ausklingen lassen kann.

Wenn er sich schwertut zu reden oder einfach nicht reden möchte, darf das Ganze natürlich nicht zum Verhör ausarten, denn das würde ja von ihm wieder als unangenehm empfunden werden. Wenn er nicht sprechen will, bequatschen Sie ihn nicht mit den Problemen oder Vorfällen des Tages (wie z. B. welches Kind wann aufs Klo gegangen ist und wie blöd die Nachbarin ist). Das wäre eine sehr unliebsame Art, Ihr Männchen aus der beschwingten Stimmung zurück in den »normalen« Alltag zu reißen. Es reicht also in diesem Fall sicher aus, sich liebevoll an ihn zu kuscheln und schweigend den Film fertig anzusehen bzw. wenn Sie schon im Bett liegen, ihm zu signalisieren: »Ich freue mich, dass du da bist.«

Für die meisten Männer ist ein Maximum an Belohnung natürlich Sex in allen Variationen. Natürlich nicht jedes Mal, sonst verliert das Ganze seinen Reiz, und genau das ist umso wirkungsvoller, weil er nie weiß, ob und welche Überraschung Sie für ihn parat haben, wenn er zurückkommt. Richten Sie es so ein, dass Sie gerade nass aus der Dusche kommen, laden Sie ihn ein, zu Ihnen in die Dusche zu steigen, oder begrüßen Sie ihn gleich im Vorzimmer entsprechend eindeutig. Erotische Dessous, Kerzenlicht, anregende Musik oder schlicht ein Erotik- bzw. Pornofilm, der auch Ihnen gefällt, sind ebenfalls »Begrüßungen«, bei denen sich fast jedes Männchen fragt, warum es überhaupt von zu Hause weggegangen ist.

Um das Ganze noch weiterzuführen, sind natürlich auch Ankündigungen von Belohnungen ein schöner Anreiz, um das Männchen dazu zu bringen, »freiwillig« früher nach Hause zu kommen. Ein nettes SMS, während er schon bei seinen Freunden sitzt, in dem Sie ihm beschreiben, was Sie später noch alles so mit ihm vorhaben, könnte ihn unter Umständen bereits »anturnen«, was sein Trink- und Redebedürfnis drastisch einschränkt und seinen Drang, zurück zu Frauchen zu kommen, erheblich steigert. Viele Männchen sind auch wunderbar über den Magen zu binden, eine Eigenschaft, die sich bereits viele Frauchen zunutze gemacht haben: »Schatz, ich koche heute dein Leibgericht. Wenn du heimkommst, hast du sicher noch Hunger.«

Wenn Sie sowieso ein geselliger Typ sind, könnten Sie Ihr Männchen natürlich auch mit all seinen Freunden auf eine Mitternachtsjause einladen und ihm damit signalisieren: »Ich freue mich, wenn du dich freust und akzeptiere deine Freunde.« Tun Sie das jedoch nur, wenn Ihnen wirklich danach

106

ist, denn schließlich ist das Ganze auch mit viel Arbeit verbunden, und wenn sich Ihr Männchen darüber freut, könnte es zur Gewohnheit werden. Wie erklären Sie ihm dann, dass das nur war, »um ihn zu ködern«?

Im Allgemeinen ist Sorgfalt bei der Ankündigungsmethode geboten! Denn glauben Sie nicht, dass das immer funktioniert. Wenden Sie sie daher nur in Ausnahmefällen an und lassen Sie Ihrem Männchen immer auch seinen Freilauf. Sie wollen ja nicht, dass er ständig zu Hause sitzt (sonst müssten sie ihn vermutlich austauschen), sondern nur, dass es nicht jedes Mal so spät wird.

Wenn Sie die Versprechungstaktik – »Wenn du früh heimkommst, dann ...« – immer anwenden, wird er vielleicht die ersten paar Male gerne heimkommen, aber wenn er merkt, dass dies nur zur Manipulation gedient hat, ist seine Enttäuschung verständlicherweise sehr groß und er wird mit Trotz reagieren.

Wie gesagt, sind Ihrer Fantasie keine Grenzen gesetzt, tun Sie einfach etwas, das Sie noch nie getan haben, aber bleiben Sie dabei im Rahmen Ihrer Persönlichkeit und Beziehungsqualität. D. h. setzen Sie nur Aktivitäten, bei denen Sie wissen, dass sie für Sie »stimmig« sind und Ihr Männchen sie richtig versteht. Wenn Ihre Beziehung bisher eher praktisch und weniger erotisch verlaufen ist, würden Sie Ihrem Männchen vermutlich einen Schreck einjagen, wenn Sie im Vorzimmer über ihn herfallen. Besonders im erotischen Bereich sollten Sie darauf achten, dass Sie sich selbst nicht blöd dabei vorkommen, denn Sie würden nicht mehr natürlich wirken und würden vor lauter Peinlichkeit erst recht einen Streit provozieren, wenn das Männchen nicht entsprechend freudig reagiert.

Richtige Konsequenzen zum richtigen Zeitpunkt statt leerer Drohungen

Laura packt wieder einmal ihre Koffer. Ihr reicht es. Diesmal endgültig. Günther soll nicht denken, dass er es wieder schafft, sie umzustimmen. Sie liebt ihn, natürlich, sonst hätte sie das Ganze ja nicht schon zehn Jahre durchgehalten – aber er hat nun mal ein paar Eigenschaften und Macken, die sie auf die Palme bringen. Immer wieder ist es dasselbe: Sie freut sich auf ein gemütliches, gemeinsames Wochenende – und er? Trifft sich mit seinen Freunden, gibt unnötig Geld aus und kommt erst gegen Mitternacht nach Hause.

Aber jetzt ist es genug. Fünf Mal hat sie bereits ihre Sachen gepackt, davor kamen unzählige Drohungen: »Ich mache Schluss«, »Das lass' ich mir nicht mehr gefallen«, »So kannst du mit jemand anderem herumspringen«, aber jedes Mal, wenn es darum ging, tatsächlich wegzugehen, kamen ihr Zweifel und Günther tat das Seine dazu, um sie wieder umzustimmen.

Klara geht es ähnlich. Seit 15 Jahren sieht sie Philipp dabei zu, wie er sie unumwunden immer wieder mit anderen Frauen betrügt. Mal sind es kleinere Affären, dann handelt es sich wieder um mehr, aber dennoch käme er nie auf die Idee, sich scheiden zu lassen. Klara hat schon alles versucht. Zu Beginn mit Vorwürfen, die schon bald in massive Streitereien ausgeartet sind. Seit zehn Jahren droht sie ihm: »Wenn du so weitermachst, bist du mich bald los«, »Morgen ziehe ich aus«, »Na warte, du wirst schon sehen, was du davon hast.«

Warum sind die Drohungen von Laura und Klara so wirkungslos? Warum ist es den beiden Männern offensichtlich völlig egal, was ihre Frauen ihnen ankündigen?

Es gibt einen wichtigen Grundsatz, an den man sich halten sollte, wenn man mit Drohungen arbeitet: Eine Drohung ist nur in Verbindung mit einer tatsächlich gesetzten Konsequenz wirkungsvoll. Auf Deutsch: Überlegen Sie es sich gut, wenn Sie mit etwas drohen! Drohen Sie nur, wenn die Drohung realistisch ist und Sie bereit sind, sie auch wahr zu machen, sonst verlieren Sie jegliche Glaubwürdigkeit und Ihr Männchen wird Sie nicht mehr ernst nehmen!

Ein Beispiel aus der Kindererziehung: »Karli, wenn du da nicht sofort runtergehst, dann kannst du was erleben!«, ruft die Mama. »Ach so, ja was denn«, denkt sich Karli und fühlt sich von der Drohung maximal aufgefordert, noch weiterzuklettern, denn offenbar hat die Mami ein neues Zusatzspiel begonnen: »Wer gewinnt das Machtspielchen?« Karli wird so lange weiterklettern, bis Mami eine ihrer Drohungen in die Realität umgesetzt hat, d. h. bis Karli weiß bzw. am eigenen Leib erfährt, was er erleben wird, wenn Mama sagt: »Du kannst was erleben.« Wenn das einzige »Erlebnis« eine tobende, stampfende, hilflose Mama ist, die nur noch lauter schreit und brüllt und immer wüstere Drohungen ausspricht, ist es für Karli ein lustiges Spiel – schließlich kann er ja ruhig weiterklettern und Mama sorgt für zusätzliches Belustigungsprogramm, indem sie ihm so viel Aufmerksamkeit schenkt und so komisch dreinschaut.

Genauso ist es bei unseren Männchen. Ihnen nur zu drohen »Wenn du das machst, dann passiert das und das«, mag anfangs eine abschreckende Wirkung haben.

Wenn Laura jedoch Günther immer wieder droht »Ich ziehe aus«, und jedes Mal sitzt sie noch brav zu Hause, wenn er wieder über die Stränge geschlagen hat, hat diese Drohung für Günther keinen abschreckenden Charakter mehr. Ganz im Gegenteil, er beginnt, Laura nicht mehr ernst zu nehmen, denn alles, was sie sagt, ist Schall und Rauch.

In solchen Fällen kann natürlich das altbewährte »Zuckerbrot und Peitsche«-Spielchen hoch wirkungsvoll sein. »Wenn du nicht brav warst, gibt's sofort eins auf die Finger, und wenn du wieder brav bist, bin ich gleich wieder ganz ganz lieb zu dir!« In Hündisch: Wenn du in die Ecke pinkelst, gibt's ein Tappserl mit der Zeitung, wenn du Pfötchen gibst, kriegst ein Leckerli!

Es ist verblüffend, wie früh manche Männchen plötzlich heimkommen oder gar nicht erst weggehen, wenn ihr Frauchen sich (natürlich perfekt gestylt) ebenfalls mit ihren Freundinnen treffen möchte oder gar später heimkommt. Auch ein kleines harmloses Flirtgespräch lässt den kleinen Racker schnell alle Register ziehen, um die Beute wieder ins eigene Revier zu bekommen. Böser Blick, Weinen oder Schmollen usw., all die raffinierten Tricks der Frauen bieten sich hervorragend für dieses kleine »Erziehungsspielchen« an. Wichtig ist dabei jedoch, dass das »Peitsche-System« nicht entgleist und seinen »Zucker« verliert! Das Männchen hat hin und wieder auch einen echten Grund für sein Verhalten und dann macht es mehr Sinn, in einem konstruktiven Gespräch einen guten Kompromiss oder Konsens zu finden, als in einer »Partout«-Haltung einen Machtkampf anzuzetteln.

Besonders wenn es dem Männchen um wirklich wichtige Themen geht, wird das Weibchen alles Mögliche veranstalten können – und wird trotzdem keine Wirkung erzielen. Ich verweise auf das Unterkapitel »Wenn du dir einen Dobermann ausgewählt hast, mach ihm seine Zähne nicht zum Vorwurf!« In einer langjährigen Beziehung geht es um gegenseitiges Kennenlernen, Ausloten, Abwägen und Akzeptieren des anderen und nicht darum, wer gewinnt.

Bin ich gut drauf, ist er gut drauf

Wenn Sie an Männchen denken, die sich vor dem Heimkommen fürchten, so ist das keine so seltene Angelegenheit. Noch einmal zurück zu Katja und Helmut. Nehmen wir einmal an,

110

im Laufe ihrer Beziehungen häufen sich derartige unangenehme Begrüßungssituationen. Entweder Katja ist sauer, weil er zu spät kommt, oder sie hatte selbst einen anstrengenden Tag und empfängt ihn einfach so in einer muffig-gereizten Stimmung. Irgendwann kann es sein, dass Helmut schon ein ungutes Gefühl im Magen hat, wenn er nur ans Heimgehen denkt. Anfangs vielleicht nur, wenn er „schlimm" ist, sprich, wenn er nach der Arbeit noch schnell mit Kollegen auf ein Bier geht, schön langsam aber immer häufiger, sobald es Richtung zu Hause geht. Verständlicherweise wird Helmut immer häufiger versuchen, das Heimkommen hinauszuzögern. Beliebte Methoden sind dabei z. B. Überstunden, zeitaufwendige Hobbys oder andere »wichtige« Unterfangen, die dafür sorgen, dass er immer später nach Hause kommt bzw. grundsätzlich immer seltener zu Hause ist.

Viele Weibchen wissen gar nicht, mit welch trübsinniger oder schlecht gelaunter Miene sie den ganzen Tag herumlaufen bzw. ihr Männchen empfangen. Natürlich haben sie viel Arbeit. Natürlich sind sie Stress ausgesetzt und er kümmert sich um nichts. Aber mit ihrer miesen Laune erreichen sie sicher nicht mehr Motivation auf seiner Seite, sie zu unterstützen.

Was also können Sie dazu tun, damit es Ihnen nicht so ergeht wie Katja und Helmut?

Sorgen Sie dafür, dass sich Ihr kleiner Liebling zu Hause wohlfühlen kann. Vermeiden Sie unangenehme Fragen oder Gesprächsthemen, lassen Sie ihm seine Ruhe, strahlen Sie eine heiter-gelassene Zufriedenheit aus, in die er richtig herrlich einsinken kann. Wenn er etwas angestellt hat, klopfen Sie ihm ruhig auf die Finger, aber lassen Sie sich davon Ihre Laune nicht trüben! Einer Studie zufolge passen Männer ihre Stimmung der Stimmung ihres Weibchens an, d. h. wenn er gestresst nach Hause kommt und sie erwartet ihn zufrieden zu Hause, wird sich seine Stimmung in sehr kurzer Zeit aufhellen.

Ist sie allerdings gestresst, muffig und ausgebrannt, passt er seine Stimmung ebenfalls ihrer an, d. h. entweder er bleibt so muffelig wie er war oder er wird noch stinkiger und unzufriedener als vorher.

Jaja, ich weiß schon, manchmal will man nicht gut drauf sein, will sich auch einmal hängen lassen und nicht auf andere Rücksicht nehmen. Das ist auch völlig verständlich und klar – diese Entscheidung liegt absolut bei Ihnen. Sie müssen ja auch nicht tagtäglich wie ein „Wonneproppen auf Drogen" grinsend durch die Wohnung ziehen, obwohl Ihnen nach Heulen, Scheidung oder Mord ist.

Betrachten Sie es doch einmal als Experiment und begrüßen Sie ihn mit heiterer oder einfach nur angenehmer Stimmung. Machen Sie ihm Tee oder eine Flasche Bier auf. Wenn er Karten- oder Brettspiele gern hat, bieten Sie ihm diese Möglichkeit, und seien Sie so richtig lieb und nett zu ihm. (Bitte keine 180-Grad-Wandlung Ihrer Persönlichkeit, sonst glaubt er, Außerirdische haben Sie entführt und vor ihm steht Ihr Klon!) Achten Sie darauf, wie er reagiert. (Wenn er nach dem dritten bis fünften Mal noch immer nicht mit positiver Stimmung reagiert, ziehen Sie in Erwägung, dass er andere Probleme hat, die mit Ihrer Beziehung nichts zu tun haben. Wenn äußere Umstände auf lange Sicht sein abweisendes Verhalten nicht erklären, organisieren Sie sich die Nummer eines guten Paartherapeuten oder Scheidungsanwaltes – hier geht's um mehr!)

Wie gehe ich mit Eigenschaften meines Männchens um, die ich nicht ändern kann?

»Gegensätze ziehen sich an« oder »Gleich und gleich gesellt sich gern«?

Es gibt zwei grundsätzliche Prinzipien, wie sich Menschen ineinander verlieben. Das erste Prinzip heißt »Gleich und gleich gesellt sich gern«, das zweite »Gegensätze ziehen sich an«.

Beide Arten haben etwas für sich, wobei aus einschlägigen Statistiken eindeutig hervorgeht, dass eher Paare mit ähnlichem Hintergrund, ähnlicher Ausbildung und ähnlichen Wertvorstellungen Langzeitbeziehungen führen. Dennoch ist ein bisschen etwas von beiden Prinzipien in jeder Beziehung zu finden, denn es gibt kein Paar, dass zu 100 % immer zu jeder Zeit einer Meinung und im Gleichklang oder auch immer und überall völlig konträr ist.

Besonders bei Paaren, die sich eher nach dem Prinzip »Gegensätze ziehen sich an« gefunden haben, kann sich ein merkwürdiges Phänomen entwickeln. Genau die Eigenschaften, die man ursprünglich am Partner so sehr geliebt hat, können einem nach einigen Jahren so dermaßen auf die Nerven gehen, dass man diese Eigenschaft am liebsten operativ aus ihm entfernen lassen möchte (das geht sowohl Weibchen als auch Männchen so!). Das können gewisse Vorlieben sein, aber auch kleine Macken, die man anfangs »soo süß« gefunden hat.

Aber warum kann man anfangs etwas süß finden, das man später tagtäglich verwünscht? Ganz einfach: Oft verliebt man sich bei Menschen genau in ein Verhalten, das einem selber fehlt.

Lisa ist eine sehr belesene Frau, macht sich viele Gedanken und ist an vielem interessiert. Sie braucht allerdings immer sehr lange, um »in die Gänge zu kommen«, man könnte sie auch als sehr passiv bezeichnen. Lisa verliebt sich in Thomas. Er ist aktiv, lebensbejahend und mit ihm erlebt sie immer so spannende Abenteuer.

In der ersten Phase nimmt Lisa dieses »neue« Verhalten gerne an und lässt sich damit anstecken. Nach einiger Zeit, merkt Lisa, dass auch Thomas seine Schwächen hat. Wenn sie mit ihm über etwas philosophieren möchte, wirkt er abwesend und desinteressiert und je mehr sie das Gefühl bekommt, dass viele ihrer Interessen bei Thomas zu kurz kommen, desto mehr schwindet Lisas Bereitschaft, sich von Thomas' Aktivität anstecken zu lassen.

Das, was vorher spannend und neu war, wird nervig und anstrengend. Nie hat sie Zeit für sich um lesen und nachdenken zu können. Thomas kommt ihr plötzlich vor wie ein quirliger Foxterrier, der nie Ruhe geben kann. Plötzlich fehlen ihr die wunderbaren Sonntage, die sie lesend auf der Couch verbracht hat, und sie beginnt, Thomas' Aktivitätsbedürfnis zu kritisieren.

Sie berücksichtig nicht, dass sie sich Thomas unbewusst möglicherweise genau deswegen ausgesucht hat, um selbst aktiver zu werden, genauso, wie Thomas sich in Lisa wegen ihrer ruhigen, gelassenen und belesenen Art verliebt hat, von der er selbst ruhig ein bisschen mehr vertragen könnte.

Die beiden haben nun zwei Möglichkeiten. Entweder, sie beginnen, die konträren Eigenschaften des anderen zu bekämpfen, und verstricken sich in einen »Wessen Lebens-

114

weise ist besser?« – Machtkampf, oder aber sie erkennen, dass sie sich gegenseitig spiegeln und nehmen die Teile, die ihnen noch fehlen und die sie aber vom anderen vorgelebt bekommen, in ihre Persönlichkeit auf. Am Ende dieses Prozesses hätte dann Lisa um einiges mehr Aktivitätspotenzial inhaliert und möchte von sich aus das prickelnde Leben in sich spüren und Thomas würde etwas zur Ruhe kommen und – Gott behüte – vielleicht sogar einmal ganz entspannt ein Buch lesen!

Im Gegensatz dazu kann es in »gleich zu gleich«-Beziehungen passieren, dass man durch veränderte Lebensumstände gewisse Dinge nicht mehr gemeinsam machen kann.

Erika und Mark haben sich auf dem Fußballplatz kennengelernt. Beide sind bekennende Fußballfans und ließen in der ersten Zeit ihrer Beziehung kein Spiel aus. Auch mit dem ersten Kind versuchten die beiden, dieses Hobby noch gemeinsam aufrechtzuerhalten. Aber jetzt, mit der Collie-Hündin Dora und dem zweiten Baby, ist es für Erika nicht mehr möglich, ihre Leidenschaft mit Mark gemeinsam auszuleben. Allmählich wird aus der schönen Gemeinsamkeit Fußball für Erika ein Eindringling, der ihre Familie systematisch von innen heraus aushöhlt. Mark verbringt nach wie vor seine freie Zeit auf dem Fußballplatz und hat jetzt sogar auch noch begonnen, in der Seniorenmannschaft mitzuspielen.

Für Erika ist Marks »Fußball-Fanatismus« inzwischen der Staatsfeind Nummer 1 und sie versucht mit allen möglichen Mitteln, ihm diese Unart auszutreiben. Mit Erfolg? Nein, Mark geht nach wie vor zum Fußball. Das Einzige, was sich geändert hat, ist, dass Mark noch länger wegbleibt und die beiden kaum mehr miteinander reden, geschweige denn intim oder vielleicht sogar zärtlich miteinander wären.

»Love it, change it or leave it«

Offensichtlich hat es Erika in diesem Fall mit einem »Gegner« zu tun, den sie nicht schlagen kann. Ganz im Gegenteil, je mehr sie versucht, dagegen anzugehen, desto schlechter wirkt sich dies auf ihre Beziehung aus. Die Fußballliebe ihres Mannes zu verändern (change it), führt also definitiv nicht zum gewünschten Ergebnis, ganz im Gegenteil. Dennoch sind so viele Dinge an Mark, an ihrer Familie, an all dem, was sie sich gemeinsam aufgebaut haben, so schön und wichtig, dass es für sie nicht infrage kommt, Mark deswegen zu verlassen (leave it). Übrig bleibt das allseits beliebte permanente Nörgeln.

Übrig bleibt aber auch die Option »love it«. Tausende von Büchern und Metaphern beschreiben die Kunst, etwas, das man nicht ändern kann, als gegeben anzunehmen. »Wenn dir das Leben Zitronen gibt, mach Zitronenlimonade daraus!«

Was so einfach dahergesagt ist, ist im Übrigen nicht den Köpfen einiger Irrer entsprungen, die noch nie in ihrem Leben ein Problem gehabt haben. Im Gegenteil! Gerade Menschen mit besonders tragischen Schicksalen haben erfahren, dass es möglich ist, durch eine Veränderung der eigenen Einstellung selbst mit den schlimmsten Situationen umgehen zu können.

Warum ist es aber so schwer, die eigene Einstellung zu einer Angelegenheit wie z. B. zu Marks Fußballfanatismus zu ändern?

Tatsache ist, der Mensch findet sich nicht gerne mit Gegebenheiten ab. Er kämpft, wo es nur geht, und erst wenn gar nichts mehr funktioniert, fügt er sich dem Unveränderbaren. Das begann vor Jahrtausenden mit den Besiedlungen von im Prinzip unbewohnbaren Landschaften, allen Schwierigkeiten von Naturkatastrophen zum Trotz. Wieso baut man eine Milliardenstadt mitten in ein bekanntes Erdbebengebiet hinein (siehe Los Angeles)? Naturkatastrophen häufen sich, und

116

dennoch sind die Menschen nicht bereit zuzugeben, dass die Natur mächtiger ist als sie.

Und trotz der Tatsache der permanenten Veränderung und Vorliebe für das unermüdliche Aufbäumen gegen Dinge, die wir nicht in der Hand haben, wollen Ihnen nun ein paar Pazifisten den komischen Satz schmackhaft machen: »Gott gebe mir die Stärke, das zu verändern, was ich verändern kann, er gebe mir die Kraft, das hinzunehmen, was ich nicht verändern kann, und die Weisheit, zwischen beidem zu unterscheiden.«

Nun ja, das Schöne daran ist, Sie müssen diese Ideen nicht annehmen. Sie müssen nicht einmal darüber nachdenken, sie anzunehmen, wenn Sie das nicht möchten! Sie können sich gerne weiter über Dinge aufregen, die sich nie ändern werden. Genauso gut können Sie täglich gegen Ihren Türstock laufen und sich ärgern, dass der Zimmermann die Tür zu weit links eingebaut hat. Sie können aber auch einfach die Tür, die vorhanden ist, verwenden und ohne blaue Flecken durchgehen.

Na gut, genug zum theoretischen Hintergrund. Klingt ja ganz einfach. Aber wie schafft man es nun, sich nicht mehr oder zumindest weniger über die kleinen Macken des Partners zu ärgern?

Achten Sie bewusst auf die positiven Seiten Ihres Männchens!

Das Zauberwort heißt Aufmerksamkeitsfokussierung! Das ist nichts anderes als das bewusste Lenken Ihrer Aufmerksamkeit in die von Ihnen gewählte Richtung: Immer, wenn Ihnen etwas Negatives an Ihrem Partner auffällt, versuchen Sie, sich fünf positive Eigenschaften an ihm ins Gedächtnis zu rufen. Sie müssen das nicht immer tun, man kann sich auch eine positive »Vorratsliste« anlegen. Nehmen Sie sich einmal in der Woche oder im Monat die Zeit und beantworten Sie sich folgende Fragen:

A)

Was sind die guten Eigenschaften meines Partners?
Wofür liebe ich ihn am meisten?
Was ist gut an unserem gemeinsamen Leben?
Was möchte ich auf keinen Fall verändern, was soll in Zukunft so bleiben, wie es jetzt ist?

B)

Was ist oder sind unveränderbare Eigenschaften/Verhaltensweise/Einstellungen meines Partners, die mich stören?

C)

Zu wie viel Prozent beeinträchtigt diese Eigenschaft unsere Beziehung, unser gemeinsames bzw. mein Leben?

D)

Überwiegen die Antworten von A) derart, dass ich bereit bin, dafür den Preis von B) und C) zu bezahlen?

E)

Wiegen die Antworten von B) und C) so schwer, dass die positiven Fakten von A) sie nicht mehr ausgleichen?

Wenn Sie bei der Frage E) zu dem Schluss kommen, dass die Macken Ihres Männchens zu schwerwiegend sind, sollten Sie einmal den Gedanken an eine Paarberatung in Erwägung ziehen.

Wenn dem nicht so ist, tun Sie sich sicherlich einen Gefallen, wenn Sie versuchen, aus der Situation das Beste zu machen. Suchen Sie sich ein eigenes Hobby, beginnen Sie die Zeiten, an denen er nicht zu Hause ist, zu genießen! Wenn er etwas verschwenderisch ist (und zwar nicht existenzgefährdend, also nur solange es noch nicht unter E fällt!!!) und damit ständig Ihre eigene anerzogene Sparsamkeit beleidigt, freuen Sie sich über seine Großzügigkeit.

Denken Sie daran, dass Sie sich womöglich genau deswegen in ihn verliebt haben, denn wie ich schon oben beschrieben habe, kann man sehr oft genau aus jenen Eigenschaften des Partners am meisten über sich selbst lernen, die einen am meisten stören. Nutzen Sie diese Möglichkeit, sich selbst weiterzuentwickeln, und gehen Sie mit einer positiven Einstellung an diese Herausforderung heran!

Der Prinz rettet die Prinzessin und sie leben glücklich bis an ihr Ende?

Sehr oft sind alte, überlieferte Überzeugungen ein Hintergrund, warum Beziehungen mit missverständlichen Erwartungen geführt werden. Auch wenn diese verstaubten Ansichten in unserer Gesellschaft bereits zur Gänze ihre praktische Sinnhaftigkeit verloren haben, wird die Hartnäckigkeit nicht geringer, mit der an diesen theoretischen Zwangsideen festgehalten wird.

Ein großer Irrtum, der nach wie vor in unserer Gesellschaft grassiert, ist das Versprechen, das die werbenden Männchen dem Vater der Braut früher geben mussten: »Ich werde Ihre Tochter glücklich machen.« Auch heute noch versprechen viele Männchen beim Heiratsantrag ihrer Angebeteten, dass sie sie glücklich machen würden. Nicht ahnend, welche Verantwortung sie sich damit aufbürden, laufen sie ins Feuer wie die Motten ins Licht.

Viele Paare ohne Trauschein glauben vielleicht, sie hätten diese alte Tradition ausgetrickst, weil dieses Versprechen nicht dezidiert gegeben wurde. Aber meine Damen, wem von uns wurde denn nicht früher Aschenputtel vorgelesen? Und Sie werden mir recht geben: Ob mit oder ohne Trauschein – die meisten Frauen warten bewusst oder unbewusst auf ihren Prinzen, der sie vom Elend erlöst und sie dann glücklich macht.

Natürlich hatte diese Idee früher einen sehr wichtigen Hintergrund. In Zeiten, als ausschließlich der Mann für das wirtschaftliche Auskommen, Sicherheit, Zukunft usw. zu sorgen hatte, war die Frau in jeder Beziehung vom Mann abhängig. Der Deal war unausgesprochen, aber klar: »Ich sorge für dich und du tust, was ich sage, bzw. lässt mich tun, was ich tun will.« In dieser Zeit wurde aber auch Glück vollkommen anders definiert als heute! Genug zu essen, Unterkunft, nicht allzu häufig Schläge und, wenn möglich, nicht allzu häufig die ehelichen Pflichten erfüllen zu müssen, galt für viele Frauen, die einfach nur »unter die Haube gebracht werden mussten«, bereits als die Erfüllung aller Träume.

Heute ist die Situation gravierend anders, denn nur mehr wenige Frauen sehen es als ihr Lebensziel an, sich mit fünf Kindern zu Hause zurückzuziehen, ihre alltägliche (mehr als anstrengende!) Arbeit zu verrichten und für das Kostgeld, das sie von ihrem Mann mehr oder weniger großzügig erhalten, dankbar zu sein. Bitte verstehen Sie mich nicht falsch – wenn jemand diesen Lebensstil wählt, ist das absolut in Ordnung. In diesem Fall sollte man jedoch bei der Wahl des Männchens höchst vorsichtig sein, denn dann steht und fällt wirklich so ziemlich alles mit seiner finanziellen Situation und seiner Bereitschaft, für seine Familie da zu sein.

120

Gehen wir also vom heute gängigeren Fall aus: Beide sind berufstätig, es gibt ein bis zwei Kinder, Haus oder Wohnung und vielleicht noch einen Hund und einen Hamster.

Unabhängig von den klarerweise auftretenden Themen wie Finanzen und Kindererziehung gibt es immer wieder das leidige Thema der Freizeitgestaltung.

Wie oft fällt der Satz: »Während der Woche haben wir eh keine Zeit, und jetzt, wo wir einmal etwas gemeinsam unternehmen könnten, ziehst du mit deinen Freunden durch die Gegend, liegst vorm Fernseher, stehst in der Werkstatt usw.« Die Liste ist unendlich.

Ich gebe unumwunden zu, dass es für den Erhalt einer Beziehung wichtig ist, gemeinsame positive Erlebnisse zu haben. Gemeinsame Hobbys, gemeinsame Interessen, auch Zeit für sich als Paar einzuplanen und einmal ohne Kinder das Zusammensein zu genießen. Ja, all das sind ganz wichtige Grundlagen, um langfristig miteinander anstatt nebeneinander leben zu können. Wichtig ist dabei jedoch, dass diese gemeinsamen Stunden wirklich freiwillig und mit Freude erlebt werden, denn erzwungene Erlebnisse, auch wenn sie gemeinsam sind, können ja kaum positiv sein. Nach Urlauben und Weihnachten steigt die Scheidungsrate dramatisch. Ja, welch ein Wunder!

Beide freuen sich auf eine Woche der Entspannung. Nur leider sieht jeder in dem Wort »Entspannung« etwas anderes. Für Frauen heißt es gemeinhin, am Strand zu liegen, ein gutes Buch zu lesen, shoppen zu gehen, Sehenswürdigkeiten anzusehen. Männer rühren sich entweder die gesamten acht Tage überhaupt nicht, außer wenn das Buffet angerichtet ist, oder sie finden ein paar Gleichgesinnte, mit denen sie sich an der Bar besaufen. Die aktiven von ihnen mieten sich ein Motorrad oder machen Extremsportarten, bei denen dem Weibchen schon schlecht wird, wenn sie nur daran denkt.

Irgendein böser Gnom hat einmal das Gerücht in die Welt gesetzt, dass man im Urlaub alles gemeinsam machen müsse. Dass dies angesichts dieser unterschiedlichen Bedürfnisse mit Sicherheit schiefgehen muss, lässt sich an einer Hand ausrechnen. Aber nicht nur im Urlaub, auch im gemeinsamen Alltag ist es wichtig, dass jeder seine eigenen Freizeitbereiche hat, um sich selbst weiterentwickeln zu können.

Ich komme wieder zurück auf den Satz: »Ich werde dich glücklich machen.« Frauen haben es meist nicht gelernt, eigeninitiativ lustvolle Dinge zu tun. Meist sind sie bereits während der Pubertät in die Clique ihres damaligen Freundes aufgenommen worden und die Burschen wussten eh immer was Lustiges zu tun. So geht es meistens weiter. Beobachten sie doch einmal Frauenfreundschaften und Männerfreundschaften.

Männerfreundschaften halten oft ein Leben lang, und auch wenn sie sich einmal aus den Augen verlieren, bleibt immer noch eine gewisse Bindung bestehen.

Viele Frauen haben ein bis zwei gute Freundinnen, die sie lange haben, der Rest wandelt sich meist mit dem jeweils wandelnden Partner. Frauen nehmen meist die soziale Umwelt ihrer Männer an, weil sie so viel Zeit wie möglich mit ihrem Herzallerliebsten verbringen möchten. Für ihr Eigenleben genügt ihnen ein mehrstündiges Telefonat oder Kaffeeplauscherl mit der besten Freundin. Für die Freizeit-»Highlights« verlassen sie sich auf ihren Mann: »Du warst mit mir schon so lange nicht mehr im Theater, essen, bergsteigen etc.«

Klingt nicht sehr selbst-aktiv, oder?

Während das Männchen seine sozialen Bindungen in Männerrunden festigt, sitzt das Weibchen alleine und beleidigt zu Hause, weil er keine Zeit mit ihr verbringt.

Dezente Hinweise ihres Männchens wie »Such dir halt auch ein Hobby oder geh doch mal mit deinen Freundinnen weg« werden dabei schlichtweg überhört.

122

Ich versuche einmal, diesen typischen Männersatz zu übersetzen, denn dieses »Such dir ein Hobby« ist die liebevolle Umschreibung für »Bitte klammere dich nicht ständig an mich. Ich unternehme gerne etwas mit dir, brauche aber auch Zeit für meine Bedürfnisse. Weil du dabei aber immer so unglücklich bist, habe ich immer ein schlechtes Gewissen und kann es gar nicht so richtig genießen. Bitte beschäftige dich auch selber in dieser Zeit, damit ich mit gutem Gefühl meine Bereiche leben kann.«

Was ist nun die Quintessenz, die ich Ihnen vermitteln möchte: Es ist unmöglich, jemanden glücklich zu machen, der nicht aus sich selbst heraus glücklich ist. Also warten Sie nicht darauf, dass Ihr Männchen Ihnen die Arbeit abnimmt. Freuen Sie sich über die Dinge, die er mit Ihnen freiwillig oder nach Absprache unternimmt, und besorgen Sie sich den Rest auf eigene Faust! Nehmen Sie Ihr Leben in die Hand und begeben Sie sich raus aus der Warteposition. Das geht auch innerhalb einer Beziehung! Oftmals sind es nur Kleinigkeiten, die Sie sich als Frau einfach nur zu erlauben und zu gönnen brauchen. Und wenn Sie merken, Ihr Partner steht Ihnen mehr im Weg, als dass er Sie bereichert, dann lesen Sie weiter!

Wenn nichts mehr hilft – Ab wann es Zeit wird, Ihr Männchen in die Wüste zu schicken

Viele Beziehungen bestehen oft nur mehr deshalb, weil die beiden Partner oder einer von beiden darauf wartet, dass es wieder so schön wird wie am Anfang. Dieser Wunsch ist ehrenhaft, und es ist sicher wichtig, zu überprüfen, was vom ursprünglichen Feuer noch da ist.

Oftmals, besonders wenn noch viele Gefühle im Spiel sind, auch wenn es negative sind, ist unter dem ganzen Haufen von Streit und Beschuldigungen noch ein Fünkchen dieser alten Flamme zu finden.

Wenn der Körper beginnt zu schreien

Ich habe im Verlauf dieses Buches schon auf die einen oder anderen neuralgischen Punkte in Beziehungen hingewiesen, die unter Umständen auch zur Trennung führen können. Ganz besonders habe ich davor gewarnt, eine lange und gute Beziehung leichtfertig oder aus Stolz aufs Spiel zu setzen.

Eine Beziehung zu früh aufzugeben und sich dann jahrelang nach dieser einzigen guten und wahren Liebe zurückzusehnen, ist genauso quälend und selbstzerstörerisch, wie eine Beziehung aufrechtzuerhalten, die einem absolut nicht mehr guttut.

Viele Frauen haben bereits jahrelang körperliche Probleme, bevor sie überhaupt merken, dass ihre ständigen Wehwehchen vielleicht auch mit ihrer Lebens- und Beziehungssituation zu tun haben könnten. Migräne, chronische Scheideninfektionen, Blasenentzündungen, undefinierbare Magenprobleme, Angststörungen, Panikattacken, Depressionen, Nervosität, Schlafstörungen, Tinnitus u. v. m. All das sind Zeichen dafür, dass etwas nicht in Ordnung ist. Das muss aber nicht immer bedeuten, dass Ihre Beziehung daran schuld ist!

Viele Frauen sind überfordert, andere leiden darunter, dass sie wegen der Kinder zur Vollzeit-Hausfrau wurden und sich ihren ausgezeichneten Berufsabschluss auf den Bauch pinseln können. Aber das würden sie niemals, nicht einmal vor sich selbst, zugeben! Oft sind auch die Lebensumstände entsprechend schwierig. Schwiegermütter, die familienfeindlichen Arbeitszeiten des Mannes etc. können langsam, aber sicher an einem nagen! Sie können darauf vertrauen, dass der Körper es grundsätzlich gut mit seinem Besitzer meint. Wenn er chronisch zwickt und zwackt, will er auf etwas aufmerksam machen, das geändert oder zumindest einmal genauer betrachtet werden sollte.

Lieber gemeinsam einsam oder zufrieden mit sich alleine?

In vielen Beziehungen sind Streit, Vorwürfe und Respektlosigkeit an der Tagesordnung. Niemand kann einen (abgesehen von der eigenen Mutter) besser auf die Palme bringen als der eigene Partner, und vermutlich gibt es nur wenige Frauen, die ihrem Angebeteten nicht schon einmal die Pest an den Hals gewünscht oder ihm denselben am liebsten umgedreht hätten.

Deswegen ist es mir wichtig, zu betonen, dass Hass bei Weitem nicht das Gegenteil von Liebe ist! Haben Sie keine Angst, wenn Sie ihn am liebsten zum Mond schießen würden, dass Sie ihn deswegen nicht mehr lieben! Hass, Ärger, Wut, sich auf die Nerven gehen – all diese Gefühle leben. Da ist noch viel da, worüber man reden kann, denn da ist noch das Wichtigste da: Der andere kann einen AUFREGEN. Früher war das einmal diese wunderbare prickelnde Aufregung, jetzt ist es mehr die »Ich könnte aus der Haut fahren«-Aufregung. Aber egal in welcher Form, Hauptsache da ist noch etwas von Gefühl da!

Das wirkliche Gegenteil von Liebe ist nämlich die Gleichgültigkeit. Auch Mitleid und Schuldgefühle sind eher besorgniserregend, wenn es darum geht, ob eine Beziehung noch eine Überlebenschance hat oder nicht.

Das heißt jetzt nicht, dass keine Trennung in Erwägung gezogen werden darf, wenn sich ein Paar ständig streitet, nur weil da ja noch vielleicht ein Fünkchen Liebe vorhanden sein könnte. Schließlich ist es sicherlich keine Basis für ein glückliches Leben, sich gegenseitig permanent auf die Nerven zu gehen. Aber man kann mithilfe von objektiven Dritten oder einer Paartherapie zumindest noch auf die Suche nach möglichen noch vorhandenen positiven Gefühlen gehen.

Wenn da noch irgendein Funke vorhanden ist, ist es durchaus einen Versuch wert, am gegenseitigen Umgang, an der Kommunikation, an den vielen kleinen Missverständnissen zu arbeiten, um sich gegenseitig wieder in diesem schönen, respektvollen, wertschätzenden Licht sehen zu können, das eine so wichtige Grundlage für ein harmonisches Miteinander ist.

Paare, die nach dem Motto leben: »Wir können nicht miteinander, aber auch nicht ohne einander«, sollten vielleicht einmal genau hinsehen, wie sie es dennoch schaffen könnten, gut miteinander umzugehen. Aber wenn es gar nicht geht, nützt auch die größte leidenschaftliche Liebe nichts. Es kann ja wohl nicht angehen, dass man sich jahrelang gegenseitig das Leben schwer macht.

Es gibt aber auch Beziehungen, die bereits sehr ruhig geworden sind. Keine Streitigkeiten mehr, bloß Höflichkeit

126

und ein glattes Nebeneinanderleben. In solchen Beziehungen ist meistens die ursprüngliche Flamme der Liebe gänzlich erloschen. Meistens sind es die Kinder, das gemeinsame Haus oder andere Außengründe, die das Paar an der erlösenden Trennung hindern. Leider gesteht man sich das nicht gerne ein, beginnt vielleicht ein außereheliches Verhältnis, das dann aber, auch wenn die Ehe bereits noch so marode ist, auch nicht geduldet wird. Hier ist es sicher wichtig, die Dinge einmal beim Namen zu nennen, bevor man sich das ganze Leben lang gegenseitig am Glücklichsein hindert.

Vielleicht haben Sie sich in einer dieser Beschreibungen wiedergefunden. Vielleicht haben Sie einige Ideen aus diesem Buch bereits ausprobiert und der Erfolg ist ausgeblieben. Egal, was Sie tun, Ihr Partner bleibt weiterhin absolut respektlos, schert sich überhaupt nicht um das, was Sie tun oder nicht tun, behandelt Sie wie einen Einrichtungsgegenstand und geht absolut auf kein Angebot von Ihnen ein.

Dann würde ich schnellstens eine Eheberatung in Erwägung ziehen. Wenn Sie wirklich nicht mehr zueinander finden, es aber aus irgendwelchen Gründen nicht möglich ist, eine Trennung oder Scheidung durchzuziehen, können Sie vielleicht mithilfe eines Außenstehenden einen Deal vereinbaren. Jeder lebt sein Leben, die Partnerschaft bleibt in einem freundschaftlich-akzeptierenden Verhältnis bestehen, der Familienverband bleibt im gemeinsamen Haus aufrecht, aber die sexuelle und persönliche Erfüllung durch einen Menschen, den man liebt und von dem man geliebt wird, darf sich jeder außerhalb suchen.

Wenn Sie jedoch die Möglichkeit zur Trennung haben und das Gefühl, dass überhaupt nichts mehr einen Sinn hat, besorgen Sie sich einen guten Scheidungsanwalt!

Gehen Sie zur Sicherheit einfach einmal davon aus, dass es schmerzen wird. Jede Veränderung, jeder Verlust schmerzt.

127

Und egal, ob Sie das Ganze noch mit Ihrem Partner vor der Trennung bearbeiten oder danach mit sich selbst ausmachen, die Zeit der Verarbeitung wird in etwa die gleiche bleiben.

Geben Sie ihren Verflossenen die Chance, sich zu amortisieren[4]: Verlassen Sie Ihre Beziehungen immer mit einer Lernerfahrung für die nächste, dann sparen Sie sich mühsame Wiederholungen!

Tun Sie Ihrer neuen Beziehung einen Gefallen: Lernen Sie aus Ihrer alten Beziehung!

Wichtig ist, dass danach eine Idee von Lernerfahrung entstanden ist, denn ansonsten tauscht man seinen Partner nur aus und stürzt sich kopfüber in die nächste Beziehung, die nach spätestens drei Jahren wieder genau gleich verlaufen wird. Viele prominente Beispiele wie Boris Becker, Dieter Bohlen und Co. zeigen uns, wie man es nicht machen sollte: Zuerst das große Glück, die große Liebe, nach einiger Zeit die Enttäuschung, dass der Engel auch menschliche Züge hat, und schwupps wird die Partnerin durch eine neue ersetzt, die dem Vorgängermodell bzw. der ersten Frau frappierend ähnlich sieht.

Also das hätten Sie sich wirklich sparen können! Die meisten dieser Männer trauern ihr Leben lang ihrer ersten Exfrau nach, weil das die Einzige war, in die sie wirklich verliebt waren. (Denken Sie bitte an das »Magna Mater«-Modell.) Wenn sie ihre Aufgabe bereits in dieser Beziehung in Angriff genommen hätten, wären ihnen die darauf folgenden schalen Aufwärmversuche dieser großen Liebe erspart geblieben. Dann hätten sie die Chancen, die solche Konflikte zur per-

---

4 Den Preis der Anschaffung wieder einbringen

128

sönlichen Veränderung bieten, genutzt und sich dadurch weiterentwickelt, anstatt einfach davonzulaufen. Genau deshalb warne ich immer davor, zu schnell das Handtuch zu werfen, wenn man noch nicht weiß, was man denn daraus hätte lernen sollen oder welche Lebensaufgabe mit dieser Beziehung erfüllt wurde.

Die Pheromon-Falle oder: Beim nächsten Mann wird alles besser?

Warum sind es eigentlich ausgerechnet drei Jahre, bis die neue Beziehung eine schlechte Kopie der ersten wird? Ist Ihnen schon einmal aufgefallen, dass bei vielen Paaren so nach drei Jahren die Luft draußen ist? Manchmal passiert das auch schon früher, aber spätestens nach drei Jahren ist es dann so weit – der ursprüngliche Kick ist weg.

Das hat etwas mit unserer Nase zu tun, genauer gesagt mit deren Sensibilität auf die Sexuallockstoffe (Pheromone) des Partners.

Stellen Sie sich vor, Sie beziehen eine neue Wohnung, die genau neben einem Pizzaladen liegt. In der ersten Zeit haben Sie ständig Gusto auf Pizza, wenn Sie nach Hause kommen, weil Ihnen der gute Duft so herrlich in die Nase steigt. Nach einiger Zeit hat sich Ihre Nase daran gewöhnt und Sie verlieren auch diesen Heißhunger auf Pizza.

So ähnlich funktioniert es in Beziehungen, natürlich viel unbewusster, aber es ist trotzdem ein Grund, warum es so wichtig ist, dass man sich gegenseitig »gut riechen« kann. (Und warum die Parfumindustrie Milliarden in Forschung und Entwicklung steckt bzw. noch mehr damit verdient.)

Innerhalb der ersten drei Jahre einer Beziehung bewirkt der Duft des Partners, genauer gesagt seine Sexuallockstoffe, eine erhöhte sexuelle Bereitschaft. Spätestens nach diesem Zeitraum hat sich auch die verliebteste Nase an diesen Duft gewöhnt, und dann erst wird quasi mit offenen Karten gespielt, ohne dass einem der süße Duft unseres Gegenübers das Hirn vernebelt und wir alleine bei seinem Anblick Lust auf Sex bekommen. In diesem Moment fällt die rosarote Brille. Dann beginnt der Alltag, dann beginnt der Langzeitbeziehungs-Auftrag: Forme aus dieser lodernden Flamme der ursprünglichen Leidenschaft eine gute Basis für eine stabile, wertschätzende Partnerschaft!

Sie können sich jetzt sicher vorstellen, warum es deswegen oft gar nicht so blöd ist, einmal übers Wochenende alleine wegzufahren. Manchmal kann es ganz hilfreich sein, wenn Sie in der Nase des Holden einen kleinen Pheromon-Entzug verursachen oder auch Ihre eigene Partnerduft-Toleranz wieder sensibilisieren!

Wenn der Groll auf den (Ex-)Partner nicht aufhört, haben Sie sich meistens selbst noch nicht verziehen, dass sie so blöd waren und so lange mitgespielt haben!

Raus aus der Opferlamm-Rolle!

Es gibt eine immer häufiger werdende Form von Trennungen, nämlich jene ausgehend von Frauen, die früh geheiratet haben und nach 15 bis 20 Jahren Ehe einfach genug haben. Meistens gibt es Kinder. Das jüngste hat die Unterstufe gerade verlassen und die Frau kann und will ihren Mann nicht mehr »riechen«. Sie will nur noch weg, hat aber unglaubliche Schuldgefühle, weil sie ihre Familie ja nicht im Stich lassen will. So wie Helene.

Sie will sich scheiden lassen. Hans, ihr Mann, ist völlig fertig und zeigt dies auch entsprechend. Er ist ein sehr reflektierter Mann und weiß, dass es nicht schlimm ist, zu seinen Gefühlen

130

zu stehen. Das hat er sein Leben lang getan und ist immer gut damit gefahren. Was er nicht weiß – Helene hat das noch nie getan und sich 20 Jahre lang nach seinen Bedürfnissen, die er so offen kundzutun pflegt, gerichtet. Brav veränderte sie ihre Lebenspläne nach seinen Wünschen und war immer die liebe, zuvorkommende, treu sorgende Hausfrau.

Im Laufe der Jahre wurde aber, wie so viele Frauen, auch Helene selbstbewusster, hatte beruflichen Erfolg und merkte, dass sie auch bei anderen gut ankam. Von ihrem Hans nur noch als Einrichtungsgegenstand wahrgenommen, war es also lediglich noch eine Frage der Zeit, bis sie den Balzversuchen eines anderen Mannes nachgegeben hatte. Völlig ausgefüllt und bestätigt von diesem so lange nicht mehr erlebten Gefühl des Begehrtwerdens wird ihr allmählich klar, dass sie ihre Ehe nicht mehr aufrechterhalten möchte. Aber das ist leichter gesagt als getan. Schließlich gibt es noch Hans, dem sie inzwischen mehr Schwester, Pflegerin und Putzfrau als Gefährtin ist, und klarerweise auch noch die Kinder. Die sind zwar schon 15 und 18 Jahre und brauchen sie nicht mehr stündlich an ihrer Seite, aber trotzdem hat Helene Angst, was die beiden davon halten würden, wenn sie auf einmal ginge.

Helene quält sich mit Schuldgefühlen und Mitleid. Schließlich hat ja SIE etwas Böses getan, indem sie fremdgegangen ist. Auch wenn diese Affäre nichts zu bedeuten hatte, war es für sie ein Anstoß, über ihre Ehe und ihre Gefühle nachzudenken. Allmählich kommt nämlich auch immer mehr Zorn auf Hans zutage, den sie sich eigentlich gar nicht erklären kann.

Für Hans geht das Ganze natürlich viel zu schnell. Mit der Scheidungsankündigung seiner Frau bricht seine angeblich so heile Welt zusammen, denn er hatte bis zu dem Moment von Helenes Eröffnung keine Ahnung, dass in ihrer Ehe ein paar Veränderungen fällig gewesen wären. Wie denn auch? Er konnte ja immer tun und lassen, was er wollte, und Helene behandelt ihn seit 20 Jahren mit der gleichen freundlichen Haltung, macht das Frühstück, erledigt den Haushalt und ist immer für ihren Herrn und Meister da. Einzig und alleine ihre sexuelle Bereitschaft lässt zu wünschen übrig, aber solange alles andere stimmt, ist das ja nicht weiter schlimm – Frauen sind halt sexuell nicht so aktiv wie Männer, das kann man ja überall nachlesen.

Inzwischen erkennt Hans seine Frau nicht wieder: Sie ist aggressiv, macht was sie will, protestiert lauthals, wenn ihr etwas nicht passt, nichts, was er tut, ist ihr recht. Manchmal hat er das Gefühl, er macht schon einen Fehler, wenn er in der Früh einfach nur aufwacht oder sich bewegt. Hans versteht die Welt nicht mehr.

Auf seine Frage, warum sie nicht schon früher gesagt habe, dass ihr etwas nicht passt, antwortet sie: »Ich hab es dir so oft zu verstehen gegeben, aber du hast mir nie zugehört!«

Und sie hat recht. Natürlich kamen öfter die typisch weiblichen Bemerkungen und Verweigerungen etc. Aber wir wissen ja, die Sprache von Männchen und Weibchen ist eben nicht die gleiche und unsere Männchen müssen schon dreimal mit dem Zaunpfahl eine über die Rübe bekommen, bis sie merken, dass das Weibchen ihnen etwas mitteilen möchte.

Helene hat im Laufe von vielen Ehejahren so viel Frust in sich hineingefressen, weil Hans in so vielen Situationen nicht zu ihr gestanden ist, sie so oft so selbstverständlich überfahren hat, ja nicht einmal registriert hat, dass sie sich wehrt, dass sie Hans heute nur noch mit Abscheu und Widerwillen betrachten kann. Wenn sie ihm nur beim Essen zusieht, wird ihr fast übel. Ihr ekelt vor seinem Geruch und am liebsten würde sie sofort das gemeinsame Schlafzimmer verlassen. Hier ist es kaum mehr möglich und auch nur der Vollständigkeit halber sinnvoll, nach dem verborgenen Funken der ehemaligen Liebe zu suchen, denn wenn schon so viel negative Gefühle vor-

132

handen sind, ist das Feuer wirklich und endgültig erloschen. Helene kämpft mit sich, weil sie ihre Familie nicht zerstören will, aber im Grunde ihres Herzens will sie Hans aus ihrer Nähe haben, und das so schnell wie möglich.

Wie kommen Frauen wie Helene dazu, einen derart großen Zorn in sich aufzustauen? Viele dieser Frauen ärgern sich dann grün und blau und werfen ihrem zukünftigen Exmännchen vor: »Wegen dir hab ich meinen Job geschmissen«, »Wegen dir habe ich mich zur Bruthenne entwickelt«, »Ich habe immer darauf gewartet, dass du deine Versprechen einhältst, und nie ist etwas passiert!«

Ich habe dir meine besten Jahre geopfert

Weswegen hat Helene so lange geschwiegen und geduldet? Ja natürlich, die Kinder waren klein und brauchten eine Familie, sie hatte kein Geld, die Schwiegermutter mischte sich ständig ein, sie hatte niemanden, der sie persönlich unterstützt und ihr Rückendeckung gegeben hätte, um sich einmal ordentlich auf die Füße zu stellen. Es ist sehr einfach, einer Mutter »die Schneid abzukaufen«, kommen doch immer an allererster Stelle die Kinder und dann erst das persönliche Glück der Mutter.

Ich habe allerdings so einen Verdacht und erlebe bei manchen Frauen hin und wieder noch eine andere Komponente, die sie sehr wohl selbst beeinflussen können. Diese Frauen würden es zwar nie zugeben, aber sie lieben es, unabkömmlich zu sein. Sie lieben es, die Einzige im Haus zu sein, die weiß, wo die Hemden liegen und wo man das Mehl findet. Sie lieben es, den Geschirrspüler nur selbst einzuräumen, weil alle anderen es ja falsch machen. Klarerweise haben sie immer das Gefühl, ein großes Opfer zu bringen, und wenn man diese Frauen, ich nenne sie gerne »Opferweibchen«, solange sie noch voll in ihrer Rolle aufgehen, fragt: »Warum tust du das eigentlich alles für deinen Mann, für deine Familie, für deine Kinder etc.?«, kommt meist nur ein bescheidenes: »Oh, das mach ich doch gerne!«

Irrtum! »Das mach ich doch gerne« ist nämlich nur der erste Teil des Satzes. Danach kommt dann noch: »Und dafür erwarte ich mir, dass mein Mann mich immer liebt, mir dankbar ist, unsere Kinder ihre Mutter verehren und die ganze Familie vor lauter Dankbarkeit bis zu unserem Lebensende Jubellieder auf mich singt.«

Diese Taktik ist emotionaler Kuhhandel: Ich tue etwas für dich, ohne dass du mich darum gebeten hast, und dafür erwarte ich Liebe, Anerkennung, gelebte Dankbarkeit und ewige Treue.

Wird Ihnen langsam klar, warum diese Rechnung nicht aufgehen kann?

Das Letzte, was die Opferfrau mit ihrem unterwürfigen, zuvorkommenden, selbstaufopfernden Verhalten erreicht, ist Liebe, Anerkennung, gelebte Dankbarkeit, geschweige denn ewige Treue. Sie mutiert zum Einrichtungsgegenstand, zur fleißigen Ameise, die glücklich ist, wenn sie arbeiten kann, wenn sie die Ribisel eigenhändig pflückt und bei 35 Grad im Sommer Marmelade einkocht. Da sie sich ja nie beschwert, aber auch nicht sagt, was sie dafür erwartet, glaubt ihre Familie ja auch noch wirklich, dass sie das alles »einfach nur gerne tut«.

Aber wer steht GERNE bei 35 Grad Außentemperatur tagelang beim heißen Herd und kocht Marmelade ein?

Dafür wird einiges erwartet, sonst ist der Deal nicht gerecht. Jubilierende Kinder, die sich freuen, weil sie so eine gute Marmelade bekommen, ein stolzer, gerührter Ehemann, der die Mühen seiner Frau natürlich erkennt, sich in sie hin-

134

einversetzen kann und sie mit anderen Haushaltshilfsdiensten, einem Strauß Rosen und einem selbst gekochten Candle-Light-Dinner entsprechend würdigt.

Was kommt stattdessen? Das Männchen ist auf und davon und trifft sich mit seinen Kumpels, weil: »Du hast ja eh zu tun, nicht wahr, Schatzi?«

Die Kinder tauschen die Marmeladenschulbrote, die ihnen seit Jahren zum Hals heraushängen, gegen die Wurstbrote der anderen Kinder oder jammern maximal, wenn einmal ausnahmsweise die Marmelade ausgegangen ist.

Summa summarum – nichts als Undank und Rücksichtslosigkeit, wohin der Blick sich wendet.

»Vielleicht hab ich zu wenig getan, vielleicht muss ich mich noch mehr bemühen?«, denkt sich da das frustrierte Opferweibchen und startet zu neuen Heldentaten. Die Fenster blitzblank, die Wäsche faltenfrei gebügelt, der Rasen mit der Nagelschere geschnitten – und wer merkt's? Kein Mensch. Im Gegenteil, das Männchen hat sich eine rassige Schwarzhaarige gesucht, die keinen Handgriff tut und nur Ansprüche stellt, die Kinder nehmen die Mutter nicht mehr ernst und flüchten vor ihrer wachsenden Unzufriedenheit.

Meist wachen diese Frauen so ca. nach 14 bis 20 Jahren aus ihrer Aktiv-Trance der Mütterlichkeit und Aufopferung auf, nämlich dann, wenn auch das jüngste Kind die Unterstufe verlässt. Die Kinder werden langsam selbstständiger und das erfüllende Gefühl, »gebraucht zu werden«, weicht dem trostlosen Gefühl, »benutzt zu werden«. In dieser Zeit entwickelt sich die bittere Erkenntnis: »Alle meine Bemühungen haben mir nur das Gegenteil von dem eingebracht, was ich mir erwartet habe.«

Sie können sich vorstellen, mit wie vielen aufgestauten Emotionen diese Frauen in dieser Zeit kämpfen müssen. Wenn einmal der Damm gebrochen ist, gibt es kein Halten mehr. Die ganze Schuld bekommt dann oft das Männchen: dass es nie da war, sich immer nur um sich selbst gekümmert hat und die Frau ganz alleine im Regen stehen ließ usw. Entsprechender Groll, Unnahbarkeit, sexuelle Aversion bis hin zu extremen »Mit mir nicht mehr«-Maßnahmen flankieren derartige Ausbrüche. Das verdutzte Männchen, das sich bis vor Kurzem noch im Paradies wähnte, wacht plötzlich neben einer geifernden Furie auf, der er nichts mehr recht machen kann.

Bei allem, was das Männchen auch angestellt haben mag, stelle ich doch immer wieder fest, dass das viel größere, unverzeihlichere Thema dieser Frauen im Prinzip folgende Frage ist: »Ich blöde Kuh, warum hab ich mir das alles so lange gefallen lassen? Warum habe ich mich nie gewehrt?« Bevor jedoch in Ruhe auf diesen eigenen Anteil gesehen werden kann, kommt das Männchen in den meisten Fällen ordentlich zum Handkuss, denn es ist eben einfacher, auf alle anderen böse zu sein als auf sich selbst.

Dieser große Ärger auf sich selbst tut nämlich sehr oft am allermeisten weh und es ist ihm nur mit großer Selbstreflexion oder manchmal auch mit professioneller Hilfe beizukommen. Denn erst wenn dieser Erkenntnisprozess des eigenen Anteils durchlaufen ist, kann man sich im Falle einer Trennung nach der jeweiligen »Trauerzeit« wieder auf neue Beziehungen einlassen.

Geschieht dieser Reflexionsprozess nicht, kann es passieren, dass man vom Regen in die Traufe kommt und sich das Spiel mit dem nächsten Partner wiederholt.

Singleweibchen auf der Suche nach einem Männchen

Der verzweifelte Versuch einer sexuellen Emanzipation oder was manche Frauen darunter verstehen

Karla und Betty sind Freundinnen. Beide rund um die 30, haben sie schon mehrere Beziehungen hinter sich. Ihr Resümee aus ihren Erfahrungen mit Männern: Traue keinem über 30 und verlasse dich auf keinen Mann, sonst bist du verlassen.

Nun, ein paar Monate nach dem dramatischen Ende ihrer jeweils letzten vermeintlichen »Ich habe meinen Prinzen gefunden«-Beziehung, haben beide beschlossen, den Spieß umzudrehen.

Karla und Betty sind richtige Disco-Luder geworden. Auf jeder Party flirten sie, was das Zeug hält, sprechen die Männer an und wollen einfach nur Fun – sagen sie.

Sobald ein Mann auf der Bildfläche erscheint, wird er taxiert: Einkommen, möglicher Beruf, Auto, verheiratet? Langsam beginnt die Pirsch und mit einigen, für Außenstehende oftmals peinlich anmutenden, Anmachmanövern seitens Karlas oder Bettys ist man auch schon im Gespräch.

Leider entgeht dem männlichen Opfer nicht die so zuckersüß versteckte Bitterkeit der beiden, denn auch wenn sie sich noch so sehr bemühen, lustig und locker zu sein, verraten ein paar neckische Bemerkungen wie »Warum sollte ich mit dir etwas trinken, du bist doch verheiratet?« oder »Mir brauchst du nichts erzählen, ich kenne die Männer« dem Kenner doch etwas über die tief verwundeten Seelen dieser beiden Frauen, die sich nichts sehnlicher wünschen, als endlich einen Mann zu finden, auf den sie sich verlassen können und mit dem sie eine glückliche Familie gründen können, vielleicht noch mit Haus, Kindern, Hund und Garten.

Dass dem so ist, würden Karla und Betty zurzeit niemals zugeben – manchmal vergessen sie es sogar selber und machen sich über die »spießigen Mütter mit ihren langweiligen Ehemännern« lustig.

Wie geht der Abend weiter? Nach ein paar Drinks und einigen oberflächlichen Gesprächen mit potenziellen »Beutetieren« ist es dann so weit. Es beißt einer an. Und nach seinem Satz »Gehen wir noch zu mir, da können wir ungestörter plaudern« verlässt Betty mit einem siegessicheren und verschwörerischen Blick zu Karla an seinem Arm die Party.

Bei ihm zu Hause passiert das, was meistens passiert. Je nach Alkoholmenge kommt noch ein Flirtgespräch zustande oder sie fallen einfach ohne Worte trunken und orientierungslos übereinander her. Betty ist eine gute Liebhaberin, sie rackert sich ab, macht Dinge, die sie nüchtern ablehnen würde, und tut alles, um »ihn« davon zu überzeugen, wie toll sie nicht ist. Ob sie dabei etwas davon hat, ist ihr ziemlich egal. Ein Orgasmus bei einem One-Night-Stand ist bei einer Frau ähnlich wahrscheinlich wie ein Lottogewinn – also was soll's? Die Männer haben es auch jahrelang mit den Frauen so gemacht – jetzt tun wir dasselbe.

Am nächsten Tag dauert es noch an, das siegessichere Gefühl – ich habe einen abgeschleppt. Hurra! Wieder einer mehr auf der Liste. Vielleicht ruft sie ihn sogar noch an, um für eine Woche nicht zu bemerken, mit welch faden Ausreden er sich ja »so gerne mit ihr treffen würde, aber leider keine Zeit hat«.

Karla ist da abgebrühter. Sie weiß, ein One-Night-Stand ist eine Einmal-Geschichte. Sie will nicht einmal die Telefon-

138

nummer ihrer Typen haben. Wenn er etwas will, soll er anrufen – doch irgendwo tief im Inneren schmerzt es dann doch jedes Mal, wenn er sich wirklich nie wieder meldet. Eigenartig – obwohl Karla und Betty ihre Typen selber abschleppen, taucht immer wieder bei beiden das dumpfe Gefühl auf: »Wofür das alles, was hat es mir gebracht? Wozu habe ich mich hergegeben?«

Aber dann ist ja zum Glück schon wieder die nächste Party und Betty und Karla können wieder eintauchen in die glitzernde Welt des Vergessens – und irgendein Lover ist sicher dabei, der Betty oder Karla für ein paar Stunden wieder das Gefühl gibt, etwas Besonderes zu sein.

Der One-Night-Stand und was er für Frauen bedeutet

Wir Frauen haben es geschafft. Unsere feministischen Frauenpower-Vorfahrinnen haben ganze Arbeit geleistet, denn wir sind befreit von der traditionellen weiblichen Rollenzuweisung der keuschen, schüchternen Frau, wobei die sexuelle Revolution das Ihre dazu beigetragen hat. Es ist inzwischen offiziell anerkannt: Auch Frauen haben ein Sexualleben, auch Frauen stehen auf Sex.

Ich möchte mit meinen Gedanken ganz sicher niemanden beleidigen und beglückwünsche jede Frau, die es wirklich, und ich meine wirklich und nicht nur scheinbar, geschafft hat, ihre sexuellen und emotionalen Bedürfnisse so zu adaptieren, dass sie es wirklich und ehrlich genießen kann, einfach nur so, »just for fun«, Sex zu haben.

Meine Erfahrungen dabei sind ganz andere und in vielen Gesprächen mit Frauen zeigen sich ähnliche verborgene Ideen, die dafür sprechen, dass unsere evolutionsbedingte Prägung mit ein paar »Free sex for women«-Plakaten nicht vom Tisch gewischt werden kann.

Warum bekommen Frauen wie Karla und Betty immer wieder diese Post-Sex-Katerstimmung, dieses schale Gefühl, benützt worden zu sein und wieder nicht das bekommen zu haben, was sie wollten? Sie wollten es doch! Sie haben einen Typen aufgerissen, ihn ins Bett geschleppt, Sex gehabt und fertig – das war die Abmachung, oder nicht?

Ja – und Nein. Der emanzipierte »Ich mach's jetzt wie die Männer und hol' mir meinen Spaß«-Teil von Karla und Betty weiß um die Abmachung und steht auch dazu.

Da gibt es aber noch einen anderen Teil, das ist der Teil, der uns – und wenn wir uns noch so sehr dagegen sträuben – weich und verletzlich macht, unsere tiefe weibliche Seite, die fürsorgliche Mutter, die geliebt und begehrt werden wollende Prinzessin, die sexuell aktive, aber doch empfindsame Frau, die einer schnellen Nummer mit einem Unbekannten nach wie vor nichts abgewinnen kann.

Auch wenn Frauen sich noch so cool geben, zielt das weibliche Auswahlverhalten unbewusst nach wie vor darauf ab, eine passende Samenspende für ihr einziges in diesem Monat verfügbares Ei zu finden, und dieser Mechanismus greift auch, wenn die Frau aktiv verhütet und gar keine Eizelle zum Befruchten da ist. Alleine das Taxierverhalten von Männern und Frauen spricht Bände!

Der Mann schaut auf Aussehen, Figur, Haare und Brüste. Ob die Frau einen Doktortitel hat oder in der Kantine Essen ausgibt, ist ihm dabei relativ egal. Was sie macht, was sie denkt, welches Auto sie fährt, spielt für den Mann keine Rolle, denn wenn alles gut geht, sieht er sie ja danach sowieso nicht mehr. Was interessiert ihn da schon ihre Wohnungseinrichtung?

Evolutionär gesprochen läuft es so ab: Schlanke Figur bei im Verhältnis breiteren Hüften, gesunde Haut und Haare sig-

140

nalisieren ihm: Diese Frau ist gesund, sie kann gesunde Kinder gebären – ran an die Braut, schließlich muss ich so viele Kinder wie möglich zeugen (von Aufzuchthilfe hat wohl niemand was gesagt, oder?).

Die Frau beginnt natürlich beim Aussehen, wobei hier schon die ersten Statussymbole ins Auge fallen: Marke der Kleidung, Schuhe, Autoschlüssel. Von diesen Merkmalen wird mehr oder weniger zielsicher auf Beruf, Einkommen und sozialen Status des Mannes geschlossen.

Was ich damit sagen möchte, ist einfach. Auch wenn frau tatsächlich glaubt, sie will »nur« einen abschleppen, läuft der biologische Mechanismus, einen geeigneten Papa für die Kleinen zu finden, bewusst oder unbewusst immer mit!

Ich schweife kurz zu einem Versuch ab, der an Hühnern durchgeführt wurde. Im Hühnerreich ist jener Hahn der stärkste, der den größten Kamm hat. Man wollte herausfinden, ob die Henne »instinktiv« den stärkeren Hahn erkennt oder sich von einem künstlichen, übergroßen Kamm irreführen lässt. Es heißt nicht umsonst »blödes Huhn«, denn natürlich fielen die Hennendamen auf den Schwindel herein und ließen sich reihenweise von den Hähnen mit den verkümmerten Kämmen, denen man einen großen künstlichen Kamm aufgesetzt hatte, flachlegen.

Ich muss bedauernd feststellen, dass sich die Frau in diesem Fall nicht sonderlich vom Huhn unterscheidet. Eine stattliche Figur, ein toller Anzug mit entsprechender Uhr und entsprechendem Auto sind für viele Frauen gleichbedeutend mit hohem sozialen Status und guter finanzieller Situation, was ein gesichertes Heim und optimale Brutbedingungen zur Folge hat. Das wissen aber auch die Männer, und auch wenn sie keinen müden Cent in der Tasche haben, auftreten tun sie alle wie die Nachkommen von Rockefeller.

141

Frauen geben Sex um Zärtlichkeit zu bekommen, Männer sind zärtlich um Sex zu bekommen

Inzwischen besteht sowohl in der Männer- als auch in der Frauenwelt ein Deal: Ein One-Night-Stand beinhaltet keinerlei Verpflichtungen und ist eine rein körperliche Angelegenheit. Für Männer ist diese Art, Sex zu haben, auch schon seit Jahrtausenden üblich (nicht umsonst ist die Prostitution das älteste Gewerbe der Welt). Männer sind auf der Suche nach ihrem Stich. Sie wollen ihren Orgasmus, denn der sichert das Überleben der menschlichen Rasse. Wenn sie ejakuliert haben, ist ihr Ziel erreicht und sie sind zufrieden.

Sexuell emanzipierte Frauen haben sich dieser Haltung inzwischen angepasst. Aber trotz sexueller Revolution ist nach wie vor hinlänglich bekannt, dass für die meisten Frauen Sex aus mehr als dem klassischen Rein-Raus-Spielchen besteht. Dazu gehören Zärtlichkeit, Geborgenheit, das Gefühl, für ihn etwas Besonderes zu sein. Und darüber hinaus unterstelle ich trotz aller Beteuerungen von »Ich brauche keinen Mann« vielen Frauen die geheime Idee von »Wenn du mich schon nicht heiratest, schenk mir wenigstens ein paar Stunden Aufmerksamkeit und Geborgenheit!«.

Und damit haben wir eine Erklärung, warum Betty und Karla sich nach ihren One-Night-Stands trotzdem nicht so toll und großartig fühlen, wie sie sich das erhofft hätten.

Um zum eigentlichen Ziel zu kommen, gehen beide auf eine Art Tauschhandel ein: Die Frau tauscht ihren Körper, ihre Vagina (oder was auch immer), um dem Mann die heiß begehrte Ejakulation zu ermöglichen, dafür erhält sie vom Mann für ein paar Stunden, vielleicht sogar einen ganzen Abend Interesse, Zärtlichkeit, starke Arme, Geborgenheit. Wenn er im Ansatz ein Gentleman ist, darf sie die Illusion sogar noch bis zum Frühstück mit ihm genießen. Danach darf sie gehen.

142

Auf den Punkt gebracht, setzen Frauen ihren Körper ein, um für ein paar Stunden das Gefühl zu bekommen, die begehrte Prinzessin zu sein. Der Mann bemüht sich, lädt sie auf ein paar Getränke ein, sie hat das unbeschreibliche Gefühl, ein toller Vamp zu sein. Anstatt spätestens bei dem Satz »Gehen wir noch zu mir?« zu denken »Danke, Ziel erreicht, du hast mich jetzt genug angebetet, ich gehe jetzt gestärkt und strotzend vor Selbstbewusstsein nach Hause!«, kommt nunmehr das »Ich muss meine Rechnung begleichen«-Gefühl. Will heißen: Ich kann ja den Mann nicht so lange hinhalten und mich einladen lassen, da soll er schon auch etwas davon haben. Sie »bezahlt die Rechnung« mit ihrem Körper, in der unbewussten Erwartung, noch eine Zusatzportion Geborgenheit zu erhalten, die sie mit Sex verwechselt.

Frauen, die schon einen One-Night-Stand hatten, wissen, dass diese nur in seltenen Fällen der Inbegriff von sexueller Erfüllung sind. Für guten Sex muss man sich kennen, die weiblichen Sexualzonen sind von Frau zu Frau verschieden. Was seine letzte Flamme zur ekstatischen Raserei brachte, kann bei der heutigen Schmerzen und Unwohlbefinden auslösen. Die Chance, dass beide sich in der ersten Nacht wirklich körperlich finden, ist eher gering, aber selbst wenn es für den Mann nicht so toll ist, kommt er in den meisten Fällen zu seinem Ziel, dem Orgasmus.

Anders bei der Frau. Nach geduldigem Ertragen seines Gerubbels versucht sie ihn relativ schnell zum Kommen zu bringen, täuscht, um dies zu beschleunigen, vielleicht einen Orgasmus vor, damit das Ganze schnell zu Ende geht und sie sich endlich an seine Schulter kuscheln und ihren Teil des Deals, Geborgenheit, einlösen kann.

Wenn sie Pech hat, dreht er sich danach um und schläft ein oder reagiert in der »Ich hab noch was Dringendes zu tun, leider musst du (muss ich) jetzt gehen«-Weise.

Kein Wunder, wenn dann dieses schale Gefühl am nächsten Tag auftaucht – schließlich hat Betty ja wieder einmal nicht das bekommen, wonach sie sich eigentlich gesehnt hat.

Bitte verstehen Sie mich nicht falsch, ich bin weit davon entfernt, an Karlas oder Bettys Verhalten etwas Moralisches aussetzen zu wollen. Ganz im Gegenteil! Zum Glück ist es uns Frauen jetzt auch erlaubt, Spaß am Sex und an unserer Körperlichkeit zu haben. Wenn Sie eine jener Frauen sind, die dies einfach so und egal mit wem genießen und auch leben können und wollen – ich gratuliere Ihnen dazu noch einmal aus vollstem Herzen!

Mein Appell geht an jene Frauen, die unter dem Deckmäntelchen der Emanzipation auf Männerjagd gehen und danach im Tiefsten ihres Herzens enttäuscht sind, dass schon wieder keiner langfristig angebissen hat. Meine Damen, wenn Sie auf der Suche nach dem Mann Ihres Lebens sind, beachten Sie die oberen Kapitel und lassen Sie die Männchen doch ein bisschen zappeln.

Und wenn Sie wirklich und ehrlich einfach nur Sex haben wollen, dann haben Sie sowieso die besten Karten: Laut einer Studie haben 80 % der Männer das Sexangebot einer Fremden (eine Schauspielerin, die darauf angesetzt wurde) gerne angenommen, aber keine einzige Frau ging auf das gleiche Angebot von einem fremden Mann ein. Wenn es also wirklich nur der Sex ist, auf den Sie aus sind, brauchen Sie weder auf sein Auto, auf die Marke seiner Kleidung oder seinen Beruf zu achten, Sie müssen ihn nicht beeindrucken und nicht lange drum herumreden. Ein Satz reicht: »Gehen wir zu mir oder zu dir?«

144

»Du bist zu gut für mich« – Die Notlügen der Männchen beim Schluss-Machen

Pufferbeziehungen und die ewig lauernde Gefahr der Exfreundin

Silvia ist verzweifelt. Tom, ihr neuer Freund, meldet sich seit Tagen nicht. Alles war bestens, gerade noch waren sie gemeinsam baden und am nächsten Tag, als sie ihn per SMS fragte, ob sie sich am Abend sehen, kam keine Antwort. Sie versteht die Welt nicht mehr und beginnt – in alter Weibchen-Manier – alle möglichen Erklärungen zu finden, was denn da nun passiert sein könnte. Vielleicht hatte er einen Unfall oder seine Mutter ist plötzlich krank geworden …?

Sie ruft ihn an, er geht nicht ans Telefon, sie schreibt E-Mails und SMS, er meldet sich nicht zurück. Nach drei Tagen und unzähligen Anrufen macht Silvia sich richtige Sorgen um ihren geliebten Tom und fährt zu seiner Wohnung. Vielleicht liegt er ja tot in der Küche und niemand findet ihn.

Naja, die Wahrheit ist fast ganz ähnlich, zumindest hat sie mit Tod zu tun, nur dass nicht Tom in der Küche das Zeitliche gesegnet hat, sondern Silvia fast tot umgefallen wäre, als sie sieht, wie Tom mit seiner Exfreundin turtelnd aus der Wohnung kommt. Dieses kleine Luder! Hat sie ihn sich wieder mit ihrer Boshaftigkeit gekrallt!

Das kann Silvia sich nicht gefallen lassen. Schließlich weiß sie doch, was die Frau ihm alles angetan hat. Er hat es ihr des Langen und Breiten erzählt und sie hat ihm stundenlang zugehört und ihn getröstet. So hat bei ihnen ja alles angefangen.

Silvia beschließt, dass sie das nicht auf sich sitzen lassen kann.

Am nächsten Tag ruft sie Tom an und redet ihm auf den Anrufbeantworter. »Tom, du machst einen furchtbaren Fehler! Lass uns darüber reden. Du weißt doch genau, dass ich die Richtige für dich bin und nicht diese Schlampe von Ex!«

Tom meldet sich nicht zurück.

Silvia sitzt mit ihren Freundinnen und rätselt herum, wie es denn so etwas geben könne. Kein Wort habe er gesagt, kein einziges Anzeichen habe es gegeben. Tom wäre der feigste Mistkerl auf Gottes Erden, weil er nicht mit einem Ton erwähnt habe, was los ist!

Nun ja, mit keinem Ton erwähnt, ist vielleicht nicht ganz richtig, denn indem er Silvia als Mülleimer für seinen Liebeskummer mit seiner Ex missbraucht hat, hat er ja wohl mehr als deutlich zu verstehen gegeben, dass sein Herz noch voll und ganz bei seiner Verflossenen ist. Es ist zwar kein feiner Zug von ihm, dass er sich der lieben und verständnisvollen Silvia als kleines Notpflaster bedient, aber es liegt doch wohl auf der Hand, wo seine Gedanken kreisen! Erst jammert er vier Stunden über »Eva, das Miststück«, währenddessen klammert er sich wie ein Ertrinkender an Silvia und entspannt sich anschließend bei einem herrlichen Blowjob[5], den Silvia, die ja schon seit Jahren heimlich in ihn verliebt ist, ihm beinahe aufdrängt.

Es gibt nicht umsonst einen zwar sehr ekelhaft vulgären, aber umso treffenderen Ausspruch: »Wo sie kotzen, essen sie nicht!« Daher hüten Sie sich vor liebeskranken Männchen. Die Gefahr, dass Sie die »Pufferbeziehung« sind, ist in diesem Falle nicht zwingend, aber doch sehr wahrscheinlich gegeben!

---

5 Blowjob = Oralverkehr, den die Frau beim Mann ausführt

146

Viele Frauen stehen, genau wie Silvia, nachdem sie sitzen gelassen wurden, ratlos da und fragen sich: »Das kann doch nicht sein, er hat gar nicht gesagt, dass er mich nicht mehr sehen will!« Nun ja, er hat vielleicht nicht GESAGT, dass er den Kontakt abbrechen möchte, aber was soll denn bitte die Aussage von vierzig unbeantworteten Anrufen, SMS und E-Mails sein? Klingt dieses Schweigen nach »Mein Herz verzehrt sich vor Verlangen« oder doch eher nach »Sorry – kein Interesse mehr«?

Jeder Mensch, der verlassen wird, braucht eine Erklärung, um die ganzen Erlebnisse und Kränkungen einordnen und abhaken zu können. Das ist ganz natürlich und auch Teil von vielen professionell begleiteten Verabschiedungsprozessen.

Um bei der Wahrheit zu bleiben, hätte Tom zu Silvia Folgendes sagen müssen: »Liebe Silvia, du bist eine nette Freundin, außerdem bist du hübsch, und wenn ich über meine Exfreundin rede, werde ich immer noch so scharf, dass es mir sehr willkommen ist, wenn du mich befriedigst, während ich dir mein Herz ausschütte. Ich bin nicht die Bohne verliebt in dich, aber es ist für mich sehr angenehm, dass du wie ein Hündchen hinter mir herläufst und ich dich anjammern kann. Klar werde ich, solange ich mit dir Zeit verbringe, noch immer versuchen, bei meiner Exfreundin zu landen, also sei mir bitte nicht böse, wenn ich mich dann einfach nicht mehr melde, wenn ich sie wieder zurückhabe, aber du verstehst dann eh, dass deine Zeit abgelaufen ist, nicht wahr?«

Leider ist in vielen Fällen, so wie bei Tom und Silvia, eine Erklärung so kränkend, dass kein Mann, der im Ansatz bei Verstand ist, die Wahrheit über die Lippen bringen würde. Er wählt daher das allseits beliebte und Frauen so verhasste Schweigen oder kommt mit derart blöden Ausreden, dass man das Gefühl hat, er zweifle am Intellekt seines Gegenübers.

Aber seien Sie ehrlich, haben Sie nicht auch schon einmal ein besonders hartnäckiges männliches Wesen, das Sie erfolglos zum Ziel seiner Minne gemacht hat, einfach so abserviert, indem Sie sich nicht mehr gemeldet haben?

Wenn Sie diese Frage mit Nein beantworten, weil Sie immer ganz fair die Fronten geklärt haben und dem Untröstlichen liebevoll erklärt haben, dass es für Sie beide zum Besten ist, »sich in guter Freundschaft zu trennen«, oder dass Sie »die wertvolle Freundschaft, die zwischen Ihnen beiden entstanden ist, nicht durch eine Beziehung gefährden wollen«, spricht das wirklich für Sie.

Sollten Sie die Fronten aber auf weniger liebevolle Art geklärt haben, wie etwa mit »Du bist absolut nicht mein Typ, und bevor ich mich in dich verliebe, gefriert die Hölle«, fragen Sie sich bitte einmal selbst, was so eine Abfuhr mit Ihnen gemacht hätte!

Die Mogelpackung – aus ihrer Sicht

Tanja ist eine erfolgreiche junge Frau Anfang 30. Sie sieht toll aus, ist kommunikativ und lässt sich nicht so schnell etwas vormachen. Ihren Traum von Haus, Hund und Kind musste sie bereits mehrmals begraben, weil ihre Beziehungen immer wieder gescheitert sind. Ein Phänomen, das Tanja bis heute nicht richtig verstehen kann. Aber jedes Mal rappelt sie sich wieder auf, startet ihr Leben neu, setzt ihre ganze Energie in ihren Job und in ihr Privatleben und zieht mit ihren Freundinnen wieder durch die Lokale.

Singlefrauen ab 30 sind wie tickende Zeitbomben mit Tarnkappe. Sie machen auf Karriere, verkleiden sich als Partyluder und lauern insgeheim auf den Vater ihrer zukünftigen Kinder.

148

Jetzt aber hat sie ihn gefunden. Ihren Prinzen. Mit ihm stimmt alles, er ist perfekt. Sie sind acht Monate zusammen und sie kennt sogar schon seine Eltern.

Kennengelernt hat sie Manfred klarerweise auf der Piste[6]. Als Power-Singlefrau hat sie sich nicht viel dabei gedacht, als sie Manfred abgeschleppt hat. Nicht wenig verwundert war sie, als er sich tatsächlich wieder bei ihr gemeldet hat. Sie verbrachten eine tolle Zeit, gingen oft aus und hatten viel Spaß zusammen. Die Beziehung wurde intensiver, und damit sie noch mehr Zeit mit ihm verbringen konnte, organisierte Tanja ihren beruflichen Zeitplan so, dass sie mindestens jede zweite Nacht bei ihm verbringen konnte.

Sie liebte das Gefühl, von ihm gebraucht zu werden, besserte seine Wohnungseinrichtung auf und träumte im Geheimen schon davon, ihren Job zu kündigen und in seiner kleinen Firma später mitzuhelfen. Das geht ja dann auch viel besser, wenn einmal das erste Kind da ist. Langsam wurden die Wochenenden ruhiger. Irgendwie wollte sie viel lieber mit ihrem Schatz alleine sein, als in all diesen lauten Discos sinnlos herumzustehen. Manfred beließ es dabei, verzichtete aber natürlich nicht auf seine obligatorischen »Herrenabende«, die sich schön langsam zu häufen begannen. Tanja merkte von all dem nichts. Es ist ja normal, dass Männer gerne ausgehen. Sie genoss die Stunden mit Manfred und malte sich ihre gemeinsame Zukunft aus. Was sollte diesem Glück noch im Wege stehen? Nun ja – vielleicht die Tatsache, dass Manfred nach achteinhalb Monaten die Beziehung beendet hat?

---

6 Auf der Piste = beim Ausgehen; in einem Lokal

Die Mogelpackung – aus seiner Sicht

Sehen wir uns die ganze Situation einmal aus der Sicht von Manfred an. Manfred ist ein aufstrebender junger Mann Anfang 30. Er bastelt gerade an seiner beruflichen Karriere, noch nie wirklich von grausamen Schicksalsschläge gebeutelt, genießt er sein Single-Dasein, hat gerne Spaß und liebt sein Leben genauso wie es ist. Gedanken an Familie oder feste Bindung hebt er sich für »später« auf, dann, wenn er beruflich so fest im Sattel sitzt, dass alles passt.

Er lernte Tanja kennen. Sie fiel ihm sofort auf, diese selbstsichere, etwas arrogante Frau, die so viel Spaß mit ihren Freundinnen hatte und sich offensichtlich die Männer nahm, wie es ihr gefiel. Als er von ihr angesprochen wurde, fühlte er sich geschmeichelt und stieg gerne auf ihre Sprüche ein. Irgendwie war er beeindruckt von der Stärke und Selbstständigkeit dieser jungen Frau. Auch hatte er das Gefühl, ihr eine Spur unterlegen zu sein, sie wirkte so reif und abgeklärt, auch der Sex mit ihr war eine Wucht, und sie war Gott sei Dank nicht so eine, die gleich nach der ersten Nacht mit diesem Beziehungsgewäsch anfing, offensichtlich wollte sie nur ihren Spaß mit ihm – mit einem Wort, sie reizte ihn ungemein.

Die ersten Wochen ging es gut, er legte sich mächtig ins Zeug, wollte sie beeindrucken, was gar nicht so einfach war, denn sie kannte schon ziemlich viel und er musste sich immer wieder etwas Neues einfallen lassen. Sie gingen viel aus, hatten Spaß, Tanjas unverbindliche Art animierte ihn. Diese Frau wollte er knacken. Er stellte sie seinen Eltern vor, alles lief planmäßig, Tanja übernachtete immer häufiger bei ihm und anfänglich genoss er das auch sehr.

Er ist sich nicht sicher, wann es ihm zu ersten Mal auffiel. War es, als sie begann, sich genauer über seine Wohnsituation zu erkundigen, oder als sie einmal durchklingen ließ, dass sie

150

sich durchaus vorstellen könne, ihren Job zu kündigen und ihn in seiner beruflichen Karriere zu unterstützen? Plötzlich fielen ihm unendlich viele Dinge an Tanja auf, die er zuvor offenbar gar nicht bemerkt hatte: Eigentlich sprach sie immer das Gleiche und so lustig und selbstbewusst, wie er sie anfangs empfunden hatte, war sie doch gar nicht.

Im Prinzip wartete sie jeden Abend darauf, was er vorhatte, ansonsten tat sie gar nichts. Irgendwie war dies nicht mehr die Frau, in die er sich anfänglich verliebt hatte. Aus dieser sprühenden, eigenständigen, selbstbewussten Frau ist plötzlich ein anhängliches, unselbstständiges, langweiliges Hausmütterchen geworden, das am liebsten mit ihm vor dem Fernseher kuschelt und traurig ist, wenn er nicht bei ihr ist.

Klarerweise beginnt er wieder verstärkt, mit seinen Freunden etwas zu unternehmen. Mit Tanja macht es ja längst nicht mehr so viel Spaß wie früher. Irgendwann ertappt er sich dabei, dass er sich denkt »Nicht schon wieder«, als sie freudestrahlend anruft: »Hallo Schatz, stell dir vor, ich konnte meinen Dienstplan verschieben. Jetzt kann ich heute und sogar morgen bei dir schlafen!« Er versucht, so freundlich zu ihr zu sein wie früher, aber schön langsam fällt es ihm immer schwerer, bis er eines Tages den ganzen Mut zusammennimmt und ihr per SMS erklärt, dass er die Beziehung beenden möchte.

Es liegt nicht an dir – aus ihrer Sicht

Tanja ist am Boden zerstört. Sie versteht die Welt nicht mehr, sucht da und dort nach Erklärungen, aber mehr als »Es liegt nicht an dir, aber ich liebe dich nicht wirklich« war aus ihrem holden Ex nicht herauszuholen.

Konfliktscheu, wie Männer so gerne sind, hat er ganz romantisch per SMS mit ihr Schluss gemacht, verleugnet sich

151

danach tagelang am Telefon und erst eine Woche später, nachdem Tanja keine Tränen mehr hat und abgemagert ist, lässt er sich endlich dazu herab, ihr ein »klärendes Gespräch« zu gönnen. Er druckst herum, es läge nicht an ihr, er wäre in einer schwierigen Phase, müsse sich selbst über einiges klar werden. Er könne sich auch nicht erklären, wie das Ganze passiert sei, aber er bräuchte jetzt einmal seinen Freiraum. Er schätze sie sehr und möchte sie als gute Freundin nicht verlieren, aber eine Beziehung wäre für ihn im Moment zu viel.

Danach ist Tanja zwar etwas getröstet, weil sie endlich wieder seine Stimme hören und ihn sehen konnte. Sie klammert sich an die – unter uns gesprochen – schwachsinnige, aber in ihrer Situation verständliche Hoffnung, dass sie ja Freunde bleiben könnten. Aber trotzdem ist sie nach seinen kryptischen Aussagen im Prinzip so klug wie vorher.

In typischer Weibchenmanier beginnt sie daraufhin, jedes einzelne seiner Worte zu sezieren, und kommt letztendlich zu dem glorreichen Schluss, den sie mit 80 % der auf diese grausame Art verlassenen Weibchen teilt: »Er liebt mich, aber er kann es nicht zulassen, weil er Angst vor zu viel Nähe hat. Ich muss ihm nur Zeit geben und ihm die Augen öffnen, dann kehrt er wieder zu mir zurück und kann mir endlich seine wahren Gefühle offenbaren!«

Es liegt nicht an dir – aus seiner Sicht

Manfred reagiert nicht auf Tanjas Anrufe und Nachrichten. Wie denn auch – was soll er ihr sagen? »Du törnst mich nicht mehr an!« Mehr weiß er ja auch nicht darüber. Diese paar Wörter sind ein Synonym für »Entschuldige, ich habe mich geirrt, die Frau die ich kennengelernt habe, existiert nicht mehr, du bist eine Mogelpackung, ich wollte Spaß und du engst mich

152

ein. Ich habe Angstschweiß im Nacken, wenn ich daran denke, dass du bei mir einziehen willst. Wo ist die tolle Superfrau von damals? Sieh dich doch an, du bist ein weinendes Häufchen Elend, ich kann nur Mitleid mit dir haben. Ich weiß, ich bin ein Schwein, aber mir ist einfach langweilig mit dir.«

So weit zu formulieren, ist nun mal nicht die Art der Männchen, und auch wenn sie diese Erklärung im Kopf hätten – wie soll man denn so etwas jemandem ins Gesicht sagen?

Ja, ich weiß. Hätte ein Mann je die Reflexionsfähigkeit, derartige Gedanken zu entwickeln, die kommunikative Fähigkeit, sie in Worte zu fassen, und dann auch noch den Mumm, so etwas über die Lippen zu bringen – wie viele Tage, Monate, Jahre, wären der Frauenwelt erspart geblieben, an denen sie zum tausendsten Mal jeden einzelne Buchstaben der inhaltsschweren Aussagen wie z. B. »Hm, ich weiß auch nicht, ich glaube, du bist einfach zu gut für mich, aber wir können Freunde bleiben« von vorne nach hinten und wieder zurück zerlegt haben.

Es gibt auch Männchen, die diese tolle Botschaft »It's over« mit vielen Komplimenten verpacken, sodass man am Ende überhaupt nicht mehr weiß, warum man verlassen wird, wenn man doch eh so ein toller Mensch ist. Wie wir es auch drehen wollen und welche Phrasen er auch dreschen mag, sie laufen alle auf dasselbe hinaus: Was vorbei ist, ist vorbei, Baby Blue.

Weibliche Reaktionen auf das Verlassenwerden

Nun kann man mit dieser bitteren Tatsache auf unterschiedlichste Art und Weise umgehen. Am besten sind die Weibchen dran, die sich denken: »Gut, dann wieder auf zur Jagd.« Sie lenken sich ab und lassen ein oder zwei Nachfolgemännchen dafür büßen, was ihnen angetan wurde. Andere ziehen sich zurück und lassen ihrer Trauer freien Lauf. Beide Weibchen haben gemeinsam, dass sie die Tatsache akzeptiert haben, dass es vorbei ist. Aber es gibt noch eine dritte Variante!

Eine verhängnisvolle Affäre – Über die vergeblichen Rückholversuche von hartnäckigen Weibchen

Zurück zu unserer verlassenen Tanja: Ein halbes Jahr lang ist sie so sehr von ihren Rückholaktionen vereinnahmt, dass sie darüber hinaus fast vergisst, Liebeskummer zu haben. Sie sucht seine Nähe, wann immer es geht (natürlich nur unter dem Aspekt der »Freundschaft«), hat plötzlich ganz innige Beziehungen mit den Freundinnen seiner besten Freunde und telefoniert hin und wieder mit seiner Mutter, weil sie sich ja »ganz unabhängig von Manfred« doch so gut verstanden haben.

Manfred denkt sich nicht viel dabei und nimmt die »Freundschaftsangebote« von Tanja kommentarlos hin. Er bittet sie um Hilfe, vertraut ihr seine beruflichen Sorgen an. Wenn er ganz spät am Abend überhaupt nicht weiß, was er tun soll, ruft er Tanja an und lädt sie zu sich ein, um mit ihr

154

zu quatschen und manchmal, wenn er schon etwas getrunken hat, springt sogar noch Sex für Tanja dabei heraus.

Für Tanja ist dieses halbe Jahr ein Wechselbad der Gefühle. »Warum ist er so lieb zu mir und will dennoch keine Beziehung mit mir?«, »Wenn er nichts mehr mit mir zu tun haben will, würde er es doch klipp und klar sagen?«

Tatsächlich? Wie kommt Tanja auf so eine Idee?

Eine hartnäckige Ex – aus seiner Sicht

Wie sieht nun Manfred Tanjas Bemühungen, ihren holden Ex wieder mit der Flamme der Liebe zu entfachen?

Er merkt es gar nicht. Und wenn er es merkt, kann es ihm maximal ein mitleidiges Lächeln entlocken.

Natürlich geht er auf ihre Freundschaftsangebote ein. Ist doch angenehm. Wenn ihm langweilig ist, kann er Tanja anrufen. Nachdem er sie nicht mehr umwerben muss, kann er mit ihr sogar quatschen, worüber er möchte. Das Schöne ist, sie widerspricht ihm nicht und er kann ganz »er selbst« sein – wie mit einem guten Freund. Manchmal, wenn ihm seine neu gewonnene Freiheit selbst etwas ungelegen kommt, wenn sein Date ihm abgesagt hat oder er erfolglos von einem Pirschabend heimkommt – dann, ja dann fällt ihm Tanja ein. Weil er sie so sehr liebt? Weil er endlich seine wahren Gefühle für sie entdeckt hat? Weil er endlich sein Leben mit ihr verbringen will?

Nein! Weil er weiß, dass er zu dieser gottverlassenen Zeit niemand anderen mehr anrufen kann und Tanja die Einzige ist, die vielleicht noch bei ihm vorbeischaut. Und einen Quickie in Ehren kann ja nun wirklich niemand verwehren!

Tanja – hocherfreut von diesem unerwarteten Anruf – läuft mit wehenden Fahnen zu ihrem Geliebten. Nach ein paar

Stunden, in denen sie sich der Illusion hingeben kann, dass sich nun doch alles zum Guten wendet, wird sie dann wieder zurückgeschickt in ihr Elend.

Sie alle kennen solche Szenen, womöglich aus eigener leidvoller Erfahrung oder haben zumindest schon einmal eine Freundin durch so eine schwere Zeit begleitet.

Wie oft haben Sie als Außenstehende schon gesagt oder (wenn Sie klug waren, nur gedacht): »Schick den Kerl doch endlich zum Teufel!« Und wenn Sie selbst im Zentrum des Geschehens standen, wie oft haben Sie verzweifelt nach Ausreden gesucht, warum »er halt einfach noch nicht so weit ist, um sich wieder auf eine Beziehung mit Ihnen einzulassen«!

Ich habe für Frauen wie Tanja wirklich Verständnis. Auch wenn sie sich einer Illusion hingeben und sich an Strohhalme klammern. Innerpsychisch ist es mit dieser Methode zumindest erträglich, sich mit der unerbittlichen Wahrheit anzufreunden.

Wenn die Realität zu schmerzhaft ist, kann dies für manche eine Möglichkeit sein, sich Schritt für Schritt vom Geliebten abzulösen. Mit jeder psychischen Ohrfeige, die Tanja von Manfred bekommt, mit jeder Hoffnungsaufwallung, die durch die Realität brutal zerstört wird, stirbt ein kleiner Teil der Liebe in Tanja.

Das kann lange dauern und nicht umsonst gibt es das Sprichwort: »Lieber ein Ende mit Schrecken als ein Schrecken ohne Ende.« Klarerweise wäre ein »Aus den Augen, aus dem Sinn!« die vernünftigere Art, wie man darauf reagiert, wenn man im Wind stehen gelassen wird. Aber nicht jede Frau schafft das, und dann braucht es halt schon mal ein halbes oder ein ganzes Jahr, um sich wieder anderweitig umsehen zu können.

Wenn Sie also Ihre »Rückholaktionen« nicht mehr als den ernsthaften Versuch betrachten, die zerbrochenen Scherben wieder zu kitten, sondern als verzögerte Trennungsreaktion sehen können, ist schon viel gewonnen! Und vielleicht hilft ihnen dieses Kapitel ein klein wenig, um damit aufzuhören, die dahingeworfenen Wortbrocken der Erklärung Ihres zukünftigen Exfreundes auf die Goldwaage zu legen. Egal wie er es formuliert – er will ganz einfach nicht mehr, und damit basta!

Ein paar abschließende Gedanken

Ja, meine Damen, ich hoffe, ich bin nicht allzu hart mit Ihnen, aber auch mit unseren Männchen ins Gericht gegangen.

Was auch immer Sie von meinen Beschreibungen für sich verwenden oder ausprobieren möchten, denken Sie bitte daran, dass es sich um Ihr Leben und um Ihre Beziehungen handelt. Ich kenne Sie gar nicht, aber Sie kennen sich bereits ein Leben lang. Dementsprechend sind Sie selber sicherlich die größere Expertin für das, was für Sie, für Ihr Umfeld und für Ihre Zukunft am besten ist.

Nehmen Sie meine Zeilen als Anregung, um vielleicht für die einen oder anderen Beziehungs-Hoppalas ein bisschen sensibler zu werden. Die meisten Kränkungen passieren ja nicht gewollt, sondern aus unserer eingeschränkten Sichtweise heraus. Und registrieren Sie sensibel die Kränkungen, die Ihr Männchen an Ihnen anstellt. Wenn Sie sie rechtzeitig erkennen, können Sie ihn rechtzeitig darauf ansprechen oder geeignete Gegenmaßnahmen setzen, sodass Sie sich nicht in eine Negativspirale verwickeln.

Bei all den Methoden, die ich beschrieben habe, ist es mir sehr wichtig, dass diese nicht manipulativ und als Machtstrategie eingesetzt werden, denn sobald es in einer Beziehung darum geht, wer gewinnt, verlieren beide auf ganzer Strecke.

Gehen Sie mit einem positiven Grundgefühl an die Sache heran, bewahren Sie sich Ihr Schmunzeln und Ihr Augenzwinkern. Schließlich haben Sie Ihr Männchen ja lieb und wünschen sich eine schöne, harmonische gemeinsame Zeit mit ihrem Racker!

Leben Sie Ihr Leben aus vollem Herzen, bewusst, und wählen Sie Ihre Kompromisse so, dass Sie jederzeit zu ihnen stehen können. Achten Sie auf sich selbst, dann können Sie auch andere verantwortungsvoll achten!

Nehmen Sie sich Zeit für gemeinsames Tun, aber auch für gemeinsames Nichts-Tun und beherzigen Sie den Spruch:

Wenn du einen vollkommen nutzlosen Nachmittag
auf vollkommen nutzlose Weise verbringen kannst,
hast du gelernt, wie man leben soll!
Lin Yutang

In diesem Sinne wünsche ich Ihnen das Allerbeste für Ihr Leben und Ihre Beziehung!